科学的根拠で示す
学習意欲を高める12の方法

辰野千壽
Chitoshi Tatsuno

● 興味　● 知的好奇心　● 目的・目標
● 達成動機　● 不安動機　● 成功感
● 学習の結果　● 賞罰　● 競争
● 自己動機づけ　● 学級の雰囲気
● 授業と評価

図書文化

まえがき

　今日，学力の国際的調査や国内の各種の調査から学力の低下とともに学習意欲の低下が問題になり，その対策が論じられています。今回改訂された学習指導要領においても「確かな学力」の向上に関し，(1)基礎的・基本的な知識・技能の習得，(2)知識・技能を活用して課題を解決するために必要な思考力・判断力・表現力等の育成と並んで，(3)学習意欲の向上と学習習慣の確立があげられています。

　確かに学習意欲は学習にとって重要でありますが，この問題は，今日急に始まったものではなく，昔からたえず取り上げられ，その指導について論じられています。これは学習意欲を育て高めることがいかに難しいかを反映していることにもなります。特に今日の子どもの中には，現代の豊かな生活の中で「何のために勉強するのか」といった目的意識の稀薄な子もいます。このような情況の中で子どもの学習意欲を高め，自発的，自主的に学習するようにすることは親にとっても教師にとっても難しい課題です。特に授業では能力や興味・関心の異なる多数の子どもを同じ教室で指導するので，個に応じた指導といいながらも，それぞれの子どもの学習意欲を高め，それを維持させることは容易ではありません。

　私は，すでにこの問題について『学習意欲の高め方』（昭和52年，昭和62年改訂）を出版しましたが，今回，現状にかんがみ，学習意欲をいかに高め，学力を向上させるかについて最近の考え方や研究結果を考慮し，あらためて本書を出版することにしました。その際，できるだけ拠って立つところの資料に基づいて記述し，理解を助けるために図表や挿絵を用いました。

　本書は，まず導入として，第1，2章で学習意欲の考え方・調べ方と学習意欲の起こらない原因を扱いました。そして，第3章から第14章は本書のいちばんのねらいでありますが，学習意欲を高める具体的方法として，「興味」

「知的好奇心」「目的・目標」「達成動機」「不安動機」「成功感」「学習結果」「賞罰」「競争」「自己動機づけ」「学級の雰囲気」「授業と評価」の12の方法をあげ，その生かし方を述べました。さらに，第15，16，17章で，その基礎となる理論を述べました。

　必要に応じて理論の章からお読みいただいても結構です。教育では即効薬はありませんが，子どもの学習意欲を高めるための指針として参考になれば幸いです。

　なお，本書の執筆に当たっては多くの方々の研究や書物を参考にさせていただきました。ここに記して謝意を表します。

　終わりに，本書の編集，特にその構成や資料の用い方，表し方についていろいろアイデアを出してくださった出版部長水野昇氏のきめ細かいご配慮に心から感謝いたします。

　平成21年3月

辰　野　千　壽

目　次

序章──学習意欲とAAI　9

第1章──学習意欲の考え方・調べ方　12
   1　学習意欲とは何か　12
   2　学習意欲の考え方　13
   3　学習意欲の内容―構成要素は　15
   4　学習意欲の調べ方　18
   コラム●質問紙法を用いるテスト，教研式学習適応性検査（AAI）　21

第2章──学習意欲の起こらない原因　22
   1　社会の雰囲気がやる気を失わせている　22
   2　からだに原因がある―「早寝, 早起き, 朝ご飯」と学習意欲との関係は？　24
   3　知能・学力に原因がある―教育内容・教育方法と学習の仕方・学び方　24
   4　性格に原因がある　25
   5　家庭環境に原因がある　25
   6　学校環境に原因がある　27

第3章──興味に訴える方法　33
   1　興味とは何か　33
   2　興味を生かして学習意欲を高める　33
   3　興味をわかせるための方策　34

第4章──知的好奇心に訴える方法　38
   1　知的好奇心は発達する　38
   2　好奇動機とは　40
   3　認知動機とは　40
   4　感性動機とは　42
   5　活動動機・操作動機とは　43
   6　知的好奇心を生かす指導法　43

目次

第5章── 目的・目標を意識させる方法　46
　1　目的・目標を知ることが学習効果を高める　46
　2　教育目標の具体化は学習意欲を高める　48
　3　学習前の質問は学習効果を高める　49
　コラム●志を立てる　52

第6章── 達成動機に訴える方法　53
　1　達成動機は学習に影響する―課題の与え方がポイント　53
　2　達成動機の高め方　54
　3　達成動機には家庭のしつけ方が影響する　55

第7章── 不安動機を生かす方法　58
　1　不安動機とは何か　58
　2　不安の強さは学習に影響する　58
　3　テスト不安・達成動機の学習への影響は　60
　4　テスト不安は学習に影響する　61
　5　不安を取り除く指導方法　62

第8章── 成功感に訴える方法　66
　1　成功感を味わわせることが学習意欲を高める　66
　2　成功感は要求水準によって決まってくる　66
　3　成功経験は要求水準を移動させる　67
　4　学習課題は成功感・失敗感に影響する　68
　5　成功・失敗の影響は子どもの性格による　69
　6　失敗後の指導法　70
　7　成功経験は有能感に影響する　73

第9章── 学習の結果を知らせる方法　74
　1　学習結果の知識は学習意欲に影響する　74
　2　学習結果をどのように知らせるか　77
　3　学習結果を効果的に用いる　79

第10章──賞罰を与える方法　81

1　賞罰の効果は　81
2　賞罰の効果には個人差がある　83
3　報酬の種類が学習成績に影響する　86
4　子どもの期待により報酬の効果は異なる　88
5　教師の皮肉は学習に影響する　90
6　教師が与える賞罰を見ているだけでも効果がある　91
7　暗黙の賞罰も効果がある　91
8　過剰正当化効果とは　93

第11章──競争に訴える方法　97

1　競争は学習効率を高める　97
2　個人間競争と集団間競争の効果は　98
3　競争と協力の効果は　99
4　自分の記録と競争する　102

第12章──自己動機づけを高める方法　105

1　自己動機づけとは　105
2　内的統制型と外的統制型の特徴　108
3　自己動機づけも訓練できる　109
4　失敗を努力に帰する訓練が必要である　110

第13章──学級の雰囲気を生かす方法　112

1　学級集団の雰囲気が学習意欲に影響する　112
2　望ましい学級の雰囲気は　113
3　教師の指導力を生かして学級経営を工夫する　115
4　学級の秩序を維持する　117

第14章──学習意欲を高める授業と評価の方法　122

1　学習意欲を高める授業は　122
2　学習意欲を高める評価は　124

目次

　　3　教師の期待が成績に影響する　126
　　4　言葉かけに注意する　130

第15章──学習意欲と動機づけの理論　133
　　1　動機づけとは何か　133
　　2　動機には3つ機能がある　134
　　3　動機がなくても学習が起こる　135
　　4　動機づけの強さと学習能率には関係がある　136
　　5　動機の選択場面では意志が働く　138
　　6　動機づけの方法　142
　　7　動機づけの訓練が必要である　146

第16章──動機づけの学説　150
　　1　本能理論　151
　　2　生理学的動機づけ理論　151
　　3　行動主義的動機づけ理論─動因理論　152
　　4　認知的動機づけ理論─内因性理論　154
　　5　認知行動的動機づけ理論　155
　　6　人間性動機づけ理論　155

第17章──現代の考え方──期待─価値モデルの動機づけ理論　159
　　1　期待要素とは　159
　　2　価値要素とは　161
　　3　情緒要素とは　163

索　引　166

序章　学習意欲とAAI

学習意欲を AAI 学習適応性検査から探る

(1) AAIとは

AAI（Academic Adjustment Inventory）は，学習意欲・態度，学習技術，学習方略，学習環境，心身の要因など学習に影響すると思われる要因を広く含めて子どもの学習適応性を測ることを目的に，著者が1966年に開発した質問紙検査です。

開発当時から学業不振児の学習法の診断と改善を目指し学力の向上を目的としていましたが，その後改訂を加え，2005年には認知心理学，特に学習方略の研究を取り入れて大幅な改訂を行いました。いまでこそ，文部科学省が学力調査と併せて，生活環境や学習環境等の学習状況に関する質問紙調査を行っていますが，本検査は質問紙作成と結果の解釈のために標準化されているという点で違いがあります。

AAIは，小学校用・中学校用・高等学校用があり，一人一人の子どもの学力向上要因と最適な学習方法の把握に役立ちますが，本書『学習意欲を高める12の方法』の内容が AAI の下位検査項目の内容を含んでいます。したがって，検査実施後の指導指針を得るのに役立ちますので，序章としてその構成を，まず初めに記しておきます。

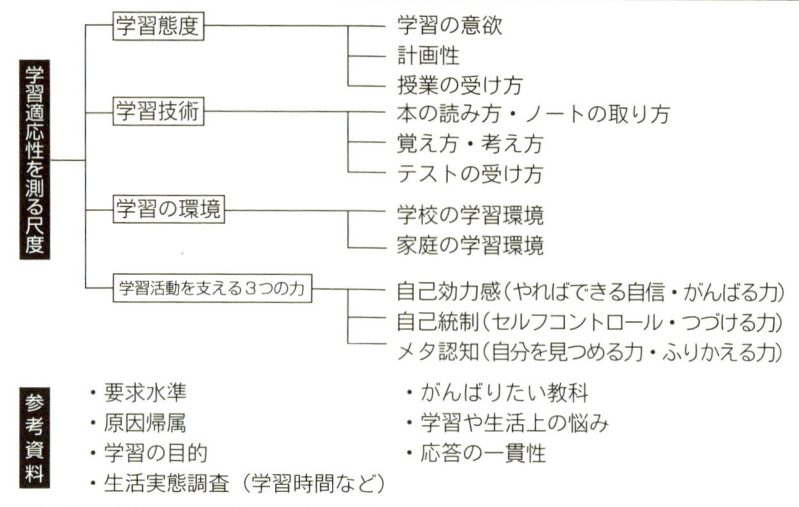

(2) 学習意欲とAAI

この検査の中で特に学習意欲を直接調べるものとしては，下位テスト「学習の意欲」があり，その質問項目には「人に言われなくても自分から進んで勉強している」があります。

次に，学習意欲を支え，それを支える基礎として「**自己効力感**」「**自己統制**」「**メタ認知**」の下位テストがあり，その質問項目には，次のようなものが含まれています。

- 自己効力感：「がんばれば成績はよくなると思う」
- 自己統制：「勉強しようとしたときには，すぐに取りかかれる」
- メタ認知：「数学や理科の問題でまちがえたとき，なぜまちがえたかをよく考える」

なお，「学校の学習環境」や「家庭の学習環境」などの他の下位テストの質問に「自分はあてはまる」と答えた子どものほうが，「自分はあてはまらない」と答えた子どもよりも明らかに学力が高くなっています。

さらに，参考資料の中の「学習面でのきびしさ」（要求水準），「原因帰属」

「学習の目的」，「学習や生活上の悩み」，「生活実態調査」なども，子どもを理解し，指導するのに役立ちます。

「学習面でのきびしさ」では，学習面で自分をきびしく見つめているか，それともあまく評価しているかをみます。学習に対し高い目標を掲げ，きびしく考えている子どものほうが，低い目標を掲げ，あまく考えている子どもよりも学習意欲があり，学力検査の結果もよい傾向があります。

また，「原因帰属」では，学習の成功・失敗の原因がどこにあると考えるかを調べます。学習上の成功・失敗の原因が自分の努力にあると考える子どものほうが，その原因が教師の教え方や家庭環境にあると考える子どもよりも学習意欲が高く，成績もよくなります。

「学習の目的」では，子どもが何のために勉強しようとしているかを調べます。子どもの学習目的には「勉強が楽しいから」「問題が解けるとうれしいから」という目的から，「よい成績をとりたいから」「家の人にほめられたいから」「友達に負けたくないから」といった目的までいろいろありますが，この目的は学習意欲や学業成績に影響します。

「学習や生活上の悩み」では，子どものいまもっている悩みを調べます。子どもは，子どもなりに家のことや健康のこと，勉強や学校の生活のこと，進学や進路のこと，友達とのことなどに悩みをもっています。このような悩みが強いと勉強する気にもなれません。

「生活実態調査」では，学習意欲や学力に影響すると思われる「学校生活の楽しさ」「朝食の摂取」「就寝時刻」などについて調べます。

この参考資料では，それぞれの項目について，子どもや学級の状況を調べることになっています。しかも，その結果を全国的な傾向と比べることができるようになっています。

したがって，このAAIを子どもの学習の状況を調べ，本書で述べているような指導をきめ細かに行い，学習意欲を高め，学力向上を図るのに役立てていただければ幸いです。

第1章 学習意欲の考え方・調べ方

学習意欲の構成要素と調べる方法を明らかにする

1 学習意欲とは何か

　学習意欲は,「自分からすすんで学習しようとする気持ち」です。この意欲がなければ,学習効果が上がらないことは周知の事実です。確かにこのことは,平成18年に実施した学習適応性検査(AAI)の結果でも明らかです。この検査は,学習法を11の下位テストから調べることになっていますが,中学3年生について,この検査の得点と学力検査の得点との関係を調べたところ,図1に示すように,すべての下位検査において,得点の高いほど学力検査の得点が高くなっています。「学習の意欲」の下位テストをみても,AAIの得点の高い(学習意欲が高い)グループほど学力偏差値(国・社・数・理・英5教科の平均)が高くなっています。

　現在,学力の国際的調査や国内の各種の調査から学力の低下とともに学習意欲の低下が問題になり,改訂された新学習指導要領においても学習意欲の向上と学習習慣の確立が強調されています。

　ところが,学習意欲という言葉は,心理学では明確に定義されておらず,学習の動機づけとして扱われています。この意欲は一般には,欲望,欲求,興味,動機,動因,意志,やる気などとほぼ同義に用いられ,意欲を引き起こすこと(意欲の喚起)は,動機づけと同じ意味に用いられています。国語の辞書では,意欲は「何かを求め,またそうしたいと思う心の働き」などと

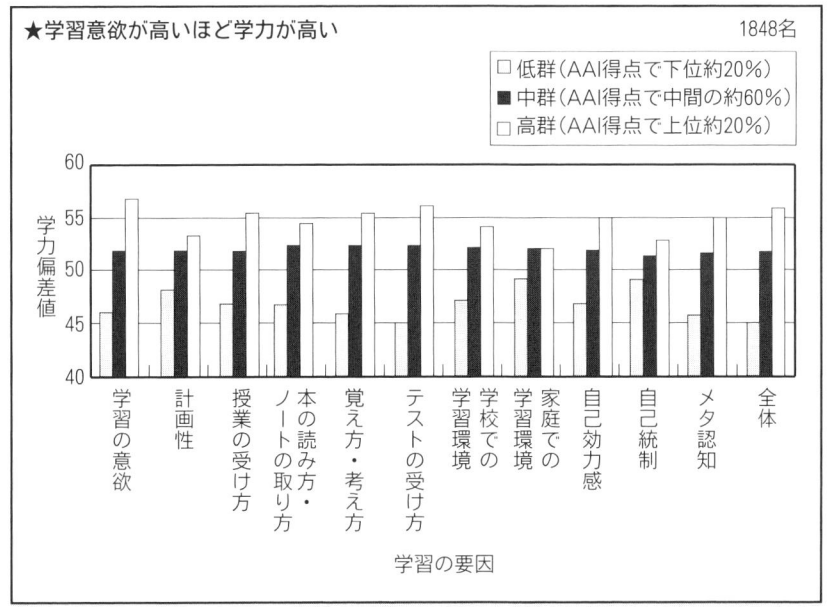

図1 学習の要因別・AAI得点の高低と学力偏差値の関係（中3, 5教科平均）

定義されていますが，心理学的にみると，**学習意欲**とは，「学習動機を選択し，それを実現しようとする心の働き」です。つまり，学習しようとする気持ちとそれをあくまで実行しようという気持ちを含んでいます。

2│学習意欲の考え方

　学習意欲は，いま述べたように「学習動機（欲求）を選択し，それを実現しようとする心の働き」です。ところが，欲求には，すでに述べたように生理的欲求から認知的欲求，社会的欲求，人格的欲求など，いろいろあります。これを具体的にあげると，マクドウガルの本能理論（第16章参照）にみられるように逃避，拒否，好奇，闘争，卑下，自己誇示，保育，生殖，飢餓，群居，獲得，構成など，多数の欲求があります。
　そこで，ここでは，学習に影響すると思われるおもな欲求について，次ページにまとめておきます。

◆学習に影響すると思われるおもな欲求（辰野千壽）

① **認知的欲求** 知識を求めたり，問題を解決したり，認知の整合性を求めたりする欲求である。知的好奇心もこれに含まれる。

② **社会的欲求** 社会的行動を引き起こす欲求である。

マクドウガル（1908）やマレー（1938）は，多数のリストをあげているが，学習に関係の深いものとしては，次のものがあげられる。

- **達成欲求**——社会的に価値のあることを成し遂げようとする欲求。
- **親和欲求**——他の人と親しく仲よくしようという欲求。

  デシは，他の人と密接な情緒的結びつきを確立しようという欲求を「関係性欲求」と呼んでいる。そして，級友や教師と密接な関係をもっていると感じる子どもは，ストレスやうつに陥ることが少なく，積極的に学習を行うと考えられている。

- **承認欲求**——自分の行動を他の人に認めてもらいたいという欲求。

③ **人格的欲求** 自我に関係して生ずる欲求である。社会生活において生ずるので，社会的欲求の中に含まれることもある。次はその例である。

- **自己実現欲求**——自己実現には，自分の努力による抱負や希望の達成と潜在能力の実現とがある。これには，次のものが含まれる。
- **自尊欲求**——自分の価値や誇りを維持し，高めようとする欲求。
- **能力欲求**——有能になりたいという欲求。環境と相互作用をするとき，うまくやりたい，能力を高めたいという欲求である。

  学校で子どもに挑戦的な難しい課題を与えると，子どもはその挑戦を征服しようとし，それに成功すると効力感，有能感をもつようになる。

- **自律性欲求**——自分で行動を始め，それを制御しようという欲求。それは，自分で決定し，自分がしたいからすると感じる状態である。

  自己決定欲求とも関係する。つまり，ある行動が他者により決定され，強制されたものではなく，自分自身の決定であると認めること（自己決定感）を重視する。この立場では，外的報酬（称賛やほうび）による外発的動機づけは内発的動機づけを減少させるといわれている。

3 | 学習意欲の内容—構成要素は

　学習指導では，学習意欲を喚起し，高めることが強調されていますが，そのためには，何を，どうすればよいでしょうか。その内容，すなわち構成要素を明らかにすることが必要です。

　しかし，学習意欲は直接には観察できません。子どもに学習意欲があるとか，それが低いとかいっても，それを本人に尋ねるか，表に現れた行動を通して推測することになります。そのためにはその手がかりが必要です。ここではその手がかりを得るため，学習意欲の構成要素を**表1**にあげてみます。

表1　学習意欲を構成している要素（辰野千壽）

要　素	定　義	具　体　例
(1)欲　求	・学習意欲を引き起こす原動力である。この欲求のタイプや強さが，学習意欲に影響する。	・欲求のない子や欲求の弱い子は生活全体に活気がなくなる。いわゆる無気力な子ども，覇気のない子どもは，学習意欲がなくなる。
(2)興　味	・ある対象に対して，おもしろくて心が引きつけられることである。	・教科の好き嫌い，計算問題は好きだが，文章題は嫌いといった形で現れ，それらの学習に影響する。
(3)必要感	・学習の必要性を意識することである。	・勉強は何のためにするのか，なぜ，算数を勉強しなければならないのか，といった意識をはっきりもっているほうが学習意欲が高くなる。
(4)要求水準（期待水準）	・本人が自分の学習に対し，どの程度のことを期待し，要求しているか，その高さである。	・要求水準が低ければ，学習意欲も弱くなる。学習意欲を強くするためには要求水準を高くし，常により高い目標に向かって努力しようとする向上心をもつことである。「少年よ，大志をいだけ」は，この点を指す。
(5)決断力	・学習に向かう場合，いろいろの動機（欲求）が同時に	・あれこれ迷って決断できなければ，学習にとりかかることもできないの

	起こってきたとき，学習に対する動機をきっぱりと選択し，決定できるかどうかである。	で，これは意志の決定力ともいえる。
(6)忍耐力	・我慢強さである。目標達成のためには，他の欲求を抑えられるかどうか，他の誘惑に負けないかどうか，苦しくても我慢できるかどうかである。	・勉強しようとするとき，テレビを見たいという気持ちを抑えられるようであれば，学習意欲はあるといえる。
(7)持続性 （固執性）	・始めたことを最後までやりぬく粘り強さである。途中で飽きても我慢して最後までやりぬく持続力である。	・決断力，忍耐力，持続力などを含む自己統制力は意志の強さの現れともいえる。
(8)自発性	・人に言われなくても，自分の意志で自分から進んでする特性，いわゆる積極性である。	・学習では，自ら進んで行う学習を自発的学習として重視している。
(9)自主性	・他の人の助けを借りずに自分でやっていく特性。つまり人に頼らないで自分のことは自分でする力である。	・身のまわりのことも自分でできないようでは，勉強だけ自分でするということは難しいことになる。
(10)自己効力感・有能感	・ある課題を与えられたときに，その課題を効果的に解決できるという自信，さらには，全体的に自分は有能であるという自信である。	・自信があればあるほど学習意欲は高まる。

★学習意欲の構成要素

①欲求―社会的・人格的欲求

所属したい，認められたい

②興　味

好きこそ物の上手なれ

③必要感

地球を救うために理科の勉強をする

④要求水準

高い目標に向かって努力する

⑤忍耐力

他の欲求を抑えて我慢する

⑥持続性

ねばり強く，最後までやり抜く

⑦自発性

自らすすんでやる

⑧自主性

人を頼らずに解決する

4 学習意欲の調べ方

　学習意欲を高めるためには，子どもの現在の学習意欲の程度を知ることが必要です。これを調べる方法として観察法，面接法，質問紙法，それに質問紙法を用いたテストがありますので，**表2**にその内容と留意点を示します。

表2　学習意欲を調べる方法と留意点

方　　法	内　　容	留　意　点
(1)観察法	・日常生活で勉強に対して，どんな態度を示すか，あるいは勉強の場面でどんな表情や態度，動作を示すかを観察することによって，学習意欲の強さや持続の程度を知る方法	①何を，どんな場面で，どのように観察するかを具体的に考えておく。 ②「観察の観点」として，学習意欲の構成要素に含まれる項目を観察する。 ③表面に現れた行動だけでなく，心の中の目に見えない本質に注意を払う。 ④「観察の場面」でどんな条件のもとで，どんな文脈で，その行動が起こったかを理解する。
(2)面接法	・学習意欲の程度を知ろうとするとき，直接本人に話しかけ，あるいは質問し，本人の気持ちを聞き出す方法	①「観察の観点」として，学習意欲の構成要素に含まれる項目を質問する。 ②面接で，子どもが気楽に正直に話せる雰囲気をつくる。
(3)質問紙法	・調査しようとする事項について，あらかじめ細目を印刷しておき，これを子どもに与えて，記入させる方法 ・記入方法により「はい，いいえ」の二者択一，多肢選択，記述式がある。	・質問の文章が難しかったり，質問の内容があいまいであったりすると，正確な答えを得られない。 ・答えによって社会的，道徳的な評価をされると思わせたり，プライバシーを侵害したりするような質問は避ける。
(4)質問紙法を用いたテスト	・前述の質問紙法について標準化したテストであり，一定の標本集団から一定の標準成績を作ったもの	・個人や集団の成績を標準成績と照らし合わせて，順位や優劣，個人の長所・短所を診断できるので，結果を指導に生かすことが大事である。

■指導のポイント：観察の観点（視点）

観察の観点は，学習意欲の構成要素に含まれる項目について観察すること

① **自発的・自主的に学習するか。**
　例えば，人に言われなくても，自分から進んで勉強にとりかかるか，机に向かったら，すぐ勉強を始めるか，宿題やテストがなくても勉強するか，人に頼らずに勉強するか，勉強するのは，自分の責任だと考えるか，やればできるという自信（自己効力感）をもっているか，などについて観察します。

② **興味をもって学習するか。**
　例えば，ある教科が好きで勉強するか，知的好奇心をもって勉強するか，などについて観察します。

③ **必要感をもっているか。**
　小学生では，何のために勉強するのかといった必要性について，必ずしも理解していないが，中学生になると，将来を見通して，学習の必要性を感ずるようになります。必要性をどの程度意識するかによって学習意欲も違ってきます。この点については，将来の目標をもっているか，進学しようとしているか，などもみます。

④ **要求水準はどうか。**
　これは，子どもが学習に対し，どの程度の要求水準をもっているか，つまり，どの程度達成しようとしているか，どの程度の成功をおさめようとしているかをみます。具体的には，テストでよい点をとろうとするか，低い点で満足するか，難しい高校に進学しようとするか，どこでも入学できるところでよいと考えているか，などをみます。

⑤ **忍耐力（固執性）はどうか。**
　勉強のときには，テレビを見たくても我慢するか，眠くなっても我慢するか，あきても，我慢して最後までやり抜くか，勉強中気が散ることはないか，などをみます。

■指導のポイント：観察における児童理解

観察で子どもの気持ちを正しく理解するためには，どんな条件のもとで，どんな文脈（前後のつながり）で，その行動が起こったかを理解すること

① 条件を考える。
　例えば，授業中に子どもが手遊びをしているのを見て，すぐ「やる気がない」ときめつけるのは考えものです。学習内容がその子どもにとっては易しすぎて，とっくに学習を終えていることもあるし，難しすぎて理解できないこともあります。その子どもに適した課題を与えれば，また夢中になって学習することもあります。

② 文脈を考える。
　どんな行動にも，一連の流れ，文脈があります。行動を見て，内面を推測する場合には，特にこの点を考えないと判断を誤ります。例えば，授業中にあくびをしたという場合でも，前の晩，からだの調子が悪くて睡眠不足になっていたためかもしれません。こんな場合には，あくびをしたから，学習意欲がないときめつけることはできません。

③ 危機的場面で見る。
　これは，のっぴきならない場面に陥ったとき，どんな振る舞いをするかを見るのです。例えば，「テストをすると言われると，勉強する」「宿題を出されると，勉強する」「叱られると，勉強する」というのは，子どもにとっては，一種の危機的場面における行動です。このような場合には，ある程度，学習意欲があると判断できます。学習意欲がまったくなければ，このような危機的場面にのぞんでも全然勉強しません。

質問紙法を用いるテスト，教研式学習適応性検査（AAI） コラム COLUMN

　質問紙法を用いるテストで，学習意欲を評価しようとする試みもいくつかなされています。例えば，前述の学習適応性検査（AAI）（平成18年改訂）は，学習習慣，学習法，学習方略を調べることを目指していますが，その下位テスト「学習の意欲」で，これを調べています。

　例えば，中学2年用では，問1で，「人に言われなくても自分から進んで勉強している」，問3で，「自分なりに努力して，いっしょうけんめい勉強しようとしている」に対し，自分は「よくあてはまる」から「まったくあてはまらない」の4段階で答えさせています。

　問1の結果は，次のようになっており，学力上位，中位，下位群（5教科平均）により，反応が違い，上位群のほうが下位群よりも，明らかに「よくあてはまる」割合が多くなっています。これは，明らかに質問紙法形式のテストで学習意欲の違いを調べることができることを示しています。

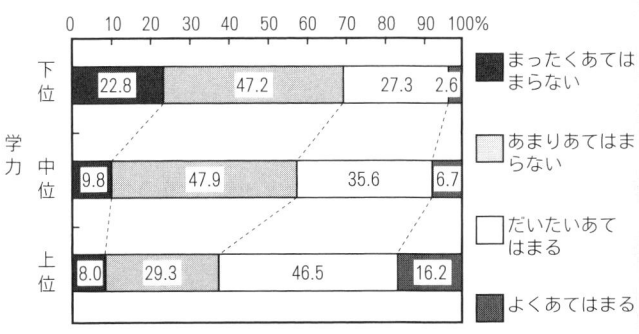

問1．人に言われなくても自分から進んで勉強している

第2章 学習意欲の起こらない原因

学習意欲を失わせている原因を追求する

1 社会の雰囲気がやる気を失わせている

　今日，学習意欲の低下が問題になっていますが，なぜ，そうなったのでしょう。学習意欲を高め，やる気を起こすためには，まず，その原因を調べ，それを取り除くとともに，さらに，それぞれの子どもに適した方法を用いることが必要です。
　もちろん，学習意欲の低下には，社会の影響もあります。
「学校の勉強は社会に出てから役立たない」
「学歴は関係ない」
「どこの学校を出ても同じだから，無理して勉強することはない」
などといった社会の雰囲気は，子どもの勉強する気を失わせます。
　また，子どもの数が減るにつれて，
「それほど受験勉強しなくても大学には行ける」
「ある程度の成績だから，推薦で大学には行ける」
など，高校，大学への進学も楽になったことも影響します。したがって，学習意欲を高めるためには社会の雰囲気を考えることが必要です。

第2章 学習意欲の起こらない原因 — 23

2│からだに原因がある―「早寝,早起き,朝ご飯」と学習意欲との関係は？――

　頭のよい子どもでも，からだが弱いとか，痛いところがあるとか，運動で疲れるとか，睡眠不足であるとかいうときには学習意欲は起こりません。からだに問題があるときには早期に治療します。

　また，運動で疲れるとか，夜ふかしで睡眠不足になるとかいう場合には，規則正しい生活をさせることが大事です。また，同じ時間睡眠をとっても，朝型睡眠の人は，朝寝起きが悪く，勉強する気持ちになれません。

　したがって，学習意欲を高めるためには，それぞれの子どもの健康状態，生活のリズムを考え，それに適した勉強をさせることが大事です。今日，提唱されている「早寝,早起き,朝ご飯」の習慣は，学習意欲を高めるのにも役立ちます。

3│知能・学力に原因がある―教育内容・教育方法と学習の仕方・学び方――

　知能が低かったり，基礎学力が不足していたりするために，現在，学校で勉強していることが難しくて理解できないとか，覚えられないときには学習意欲は起こりません。また，逆に，能力が高いために，いまの勉強は易しすぎて興味がもてないということもあります。

　現在の学校では，この点に配慮して能力・適性に応じた教育を目指し種々の工夫をしています。少人数指導，習熟度別指導，選択科目制などは，それです。

　なお，このように教育内容，教育方法に配慮することは，もちろん，必要ですが，子どもに学習の仕方，学び方を身につけさせることも大事です。能率的，効果的な学び方を身につけることによって学習の効果が上がれば，学習に興味をもち，学習意欲も高まります。

　この問題については別著『学び方の科学』（図書文化，2006）を参照していただきたい。

4 │ 性格に原因がある

　消極的な子ども，無気力な子ども，わがままな子ども，依頼心の強い子ども，自己効力感，有能感のない子どもは，自ら進んで勉強しようという気持ちが起こりません。

　意志の弱い子ども，自己統制力（自己制御力）のない子どもは，「勉強しなくてはいけない」と思いながらも，テレビを見始めたり，ゲームを始めると，ついそれに夢中になり，勉強を忘れてしまいます。根気のない子どもは，勉強を始めても，長続きしません。

　特に，問題になるのは，何事にも意欲のない子どもです。食欲のある子どもとない子ども，負けず嫌いの強い子どもとそうでない子どもとあるようにもともと意欲の弱い子どもがいます。生まれつきにもよりますが，からだが弱いとか，親がきびしくしつけたとか，逆に溺愛して育てたとかというときにみられます。

　さらに，学習で絶えず失敗を続け，学業不振に陥っている子どもは，勉強に劣等感をもち，勉強しようという気力がなくなったり，勉強から逃避しようとすることがあります。これは**学習性無力感**といわれます。

　子どもの性格は，一度に直すことはできません。努力を続けながら，他方では，子どもの性格に合った勉強法を考えることが必要です。

5 │ 家庭環境に原因がある

　　　　―物的環境よりも，家庭の雰囲気，親子の関係といった心理的環境が大事

　親が勉強に関心がないとか逆に学校の成績を気にしすぎて，無理な要求をしたり勉強にやかましく干渉したりすると，子どもは勉強嫌いになります。

　また，家では勉強する場所や机がない，家の中や隣り近所がやかましい，というように家庭の物的環境が子どもの勉強に適さないときにも，勉強する気が起こりません。さらに，家庭が円満でなく，たえず緊張しているような雰囲気の場合にも，勉強する気は起こらないものです。

■指導のポイント：

依頼心が強い，意志が弱い，根気がない，積極性がない子どもの指導

① **規則正しい生活をさせる。**

　朝起きる，食事をする，登校する，テレビを見る，予習・復習をする，入浴する，夜寝るといった日常生活をきちんとさせます。大体の予定を立て，それに従って生活するようにします。その結果を表に記録させると長続きします。このようにして，「いやだ」と思うことでも，我慢してやっている間に意志の力，自己統制力も養われ，忍耐力も身につきます。

② **自分のことは自分でさせる。**

　身のまわりのことで，自分でできることは，できるだけ本人にさせます。過保護に育て，親に頼る習慣をつけておきながら，勉強だけは自分でさせようと思っても無理です。

　また，神経質な子どもは，用心深く，失敗を恐れて力いっぱい活動しなくなります。神経質なしつけをし，万事控え目にするような消極的態度が身につくと，勉強でも全力を出さなくなります。子どもは，その場その場で全力を出し，失敗を恐れず，活発に行動するような性格にしたいものです。「打てばひびく」ような子どもは，勉強にも意欲を示します。

③ **長所を認め，自信をもたせる。**

　劣等感の強い子どもに対しては，子どもの長所を認め，些細な成功でも，ほめてやります。どんな子どもにも，それなりの長所があります。ある教科はだめだが，他の教科ができるとか，性格的に優れているとか，体力があって運動が上手だとかいった長所に目をつけ，それを認めてやれば，子どもも安定感をもち，自信をもつようになります。

このように，家庭環境に問題があっても，すぐ解決できないもの，教師も介入できないものがあります。親とすれば，できるだけよい環境を用意しようと配慮することは必要ですが，人間は環境に順応する力をもっています。したがって，環境が悪いから勉強する気が起こらない，成績が上がらない，ときめてかかるのは誤りです。同じ環境でも，本人の気持ちのもち方ひとつで影響力が違ってきます。勉強部屋が狭いと思うときでも，「狭いほうが気持ちが落ち着く」と考えれば，よい環境にみえてきます。子どもに対しては，その環境を積極的に活用するように協力することが大事です。
　家庭環境で大事なのは，物的環境よりも，むしろ家庭の雰囲気，親子の関係といった心理的環境です。
　親とすれば，家庭の雰囲気をよくするように努力することは当然ですが，子どもにも，相手の立場を考え，わがままを抑えるように仕向けることが大事です。中学生になると，自己主張が強くなり，反抗的になったり，親が理解がないと文句を言ったりします。子ども自身も大人の立場を理解し，協力することが大事です。家庭環境の不備を不勉強の口実にしているようでは成績は上がりません。

6 ｜ 学校環境に原因がある

　学校環境にも物的環境と心理的環境があり，これらが学習意欲に影響することは，よく知られています。
　学校までの距離，通学に要する時間によって疲労の程度も違い，体力のない子どもは，その往復で疲れてしまい，勉強にも意欲を示さなくなります。また，教室の構造，温度・湿度・通風，装飾・色彩，騒音なども学習意欲に影響します。座席の位置も影響します。窓際で直射日光の当たる席，出入口に近い席なども，注意散漫の原因になります。
　さらに，クラスの雰囲気とか，クラスの友人との関係，教師との関係とかが，本人に合わないときには勉強にも消極的になります。教室が騒がしい，勉強する雰囲気がない，クラスで仲間はずれにされている，勉強する子ども

◆授業で動機づけを高める方法（プレッスリー，2003）

① **学習課題を興味あるものにする。**──子どもは興味のある課題や内容に関心をもち，勉強しようという気になる。

② **認知的葛藤を引き起こす。**──子どもにすでに知っていることと少し異なる新しい内容を与えて知的好奇心を刺激する。

③ **適度の危険をおかすことを励ます。**──多くの子どもは失敗を恐れて冒険をしないが，合理的な冒険は成績を向上させる。

④ **達成・成就に報酬を与える。**──行動主義論者は，行動を促進するために報酬（強化）を与えることが必要だと主張するが，他方，外的な報酬を与えることによって内発的動機づけが失われるという主張もある（**過剰正当化効果**）。しかし，報酬は適切に与えられると，効力感，有能感を高めるのに役立つ。教室では称賛が効果がある。

⑤ **他者に勝つことよりも進歩を強調する。**──競争よりも進歩を強調し，進歩をほめる。

⑥ **協力的学習を励ます。**──協力的グループのすべての成員が進歩するように作業することに対し報酬を与える。

⑦ **努力帰属を励ます。**──成功・失敗の原因を自分の努力に帰属させるように励ますことは，新しいことを学習するための動機づけとして役立つ。

⑧ **知能の可変性を強調する。**──自分の知能は固定的でなく可変的であり，より多く学習することによって学習能力が高まると信じることにより学習意欲は高まる。

⑨ **自己効力感を高める。**──自分は算数ができると考える子どもは算数を一層勉強しようという意欲をもつ。

⑩ **健全な有能感をもたせる。**──自分は勉強することにより社会に貢献できるといった健全な自己認識をもつと，学校で一層努力しようとする気になる。

をけなす雰囲気がある，などの場合には，勉強の意欲がわきません。また，子どもは人に認めてもらいたい，友達に負けたくないといった気持ちをもっていますが，このような気持ちが，いつも満たされないような雰囲気があると，積極的に勉強しようという気持ちになれません。

なお，授業の仕方が子どもに合うかどうかも重要です。例えば，グループ学習の嫌いな子どももいるし，討議が嫌いな子どももいます。能力はあっても，教え方が本人に適さないと，うまくいきません。

いずれにしても，子どもそれぞれの特徴をよく理解して，教室の整備，クラスの雰囲気の改善，教授法の工夫に努めることが必要です。すなわち，適性処遇交互作用の考え方を生かすことが求められるのです。

なお，学習努力と成就を高めるため授業で動機づけを高める方法については昔から研究されていますが，その方法（プレッスリー，2003）を前ページに示しておきます。

さらに，ビーラーら（1982）は，学校を中心に学習意欲の起こらない原因とその指導について，**表3**のように具体的に示しています。

ここにあげた指針は，いずれも学習意欲を高めるのに役立ちます。そこで，これらについて，次章以下において，さらに詳しく述べることにします。

表3　学習意欲の起こらない原因と指導法（ビーラー）

原　　　因	指　　　導　　　法
A　学習課題の性質	
1. 教材に魅力がなく，退屈である。	・教材をできるだけ興味のあるものにし学習に誘因を用いる。
2. 教材が個人で，退屈を我慢して学習しなければならない。	・楽しいグループの相互作用を通して学習させる。
3. 教材が退屈な方法で提出される。	・興味を引き起こし，それを維持するように組織的な努力をする。
4. 教材が努力しないと，達成あるいは成就の喜びを味わえないものである。	・結果が遅れて現れることについて理解させる。 ・短期的目標を与える。
B　生徒の特徴	
1. 能力・才能が限られている。	・能力のない生徒には，①個人的援助を与え，②課題の完成により多くの時間を与え，③異なる種類の教授を試みる。
2. 生徒が努力を望まない。	・目標，報酬を明らかにし，努力の欠如は人の心に訴えないと思わせる。
3. 生徒が何を学習すべきか知らない。	・具体的な教授目標を述べ，これがいかにすれば解決されるか，どんな報酬が与えられるかを説明する。
4. 明確な学問的目標をもたず，選択が混乱している。	・自分の目標，役割，価値について考えさせ，自分の選択に対し責任をもたせる。 ・短期的目標を選択し，長期的目標について考えるように励ます。
5. 親が学校教育に関心がないか，否定的である。	・学習が楽しいものであること，学校でよい成績をとることは運を開くことを強調する。
6. 親が学問的業績を過度に強調し，そのため親の圧力を感じ恨んでいる。	・親の立場を理解し，気持ちを落ち着くようにさせる。
7. 不利な環境からきており，経験も限られている。	・経験の範囲を調べ，必要とする経験を補う。

原　　　因	指　　導　　法
8. 学校において，あるいは特定の教科において否定的な経験をもつ。	・できるだけ教室において積極的な経験をさせ，強化（称賛や賞）がひんぱんに起こるようにする。
9. 教材を嫌いな人と結びつける。	・生徒が積極的な連合を形成するように同情的でものわかりのよい人となるように試みる。
10. 教材のできるものをうらやみ，嫉妬して教材を嫌う。	・生徒の間の比較を少なくし，自己の向上を励ます。
11. 病的で栄養不良で不幸である。	・健康状態を考えて指導すると同時に健康増進を図る。
12. 疲れやすく，不快を感じている。	・不快を考慮するか，軽減するように努める。
13. 不安定で，心配し，おびえを感ずる。	・教室を物理的にも心理的にも安全にする（教室において気持ちよく，気楽に感ずるようにする）。
14. 受容されている感じや所属感，自尊心をもつことがない（自信喪失の感じが強い）。	・教師が好意をもっていること，生徒が自尊心をもつに値することを示す。
15. 高い成績をとったことがなく，成績が悪くて罰せられている。	・公然の比較を避け，自己との競争，個人的向上を強調する。
16. 敗者となることを恐れて競争を避ける。	・勝つ場面を与える。 ・自分の記録を伸ばすことに意義を認める。
17. 勝者となることは仲間との関係を悪くすると考え競争を避ける。	・競争により切磋琢磨することを教える。
18. 高い成績をとることは，何の得にもならないと信じている。	・高い成績をとることは，いろいろの点で有利になる，運が開けることを知らせる。
19. 一般に要求水準が低い（あるいは目標を設定しないか，できもしない目標を立てる）。	・現実的目標を設定し，達成するよう励ます。
20. 達成欲求が低い。	・自信を強め，達成の価値を強調する。

原　　　　因	指　　導　　法
21. 失敗を恐れて，やろうとしない。 22. 失敗が能力の欠如によると考え，同じ課題が与えられても，また失敗すると考える。 23. 生徒は強制され，あるいはだまされたときにのみ学習する。	・達成可能の一連の目標を設定し，生徒がそれらを達成できるように助ける。 ・生徒の自己概念を強め，短期的目標の系列を設け，生徒が初め失敗しても，あと成功するように助ける。 ・目標を選び，解決の仕方を決めるときに生徒に参加させる。 ・生徒が自己指導するように励ます。
C　教室の雰囲気 1. 教室の雰囲気が緊張している。 2. 教室内で競争と勝敗に対する関心が非常に強い。 3. 失敗者は罰せられ，恥ずかしい思いをする。	・指導を民主的にし，くつろいだ雰囲気にする。 ・個人の進歩に強調をおく。 ・失敗しても，なぜ失敗したかを考える雰囲気をつくり，障害を克服するように励ます。
D　教師の人格と指導方法 1. 教師が熱心でなく，気むずかしく，執念深い。 2. 教師が教授を片手間な仕事と考える。 3. 生徒が困難に出合ったとき，生徒の能力が低いためと考える。 4. 教師は計画を立てることがなく，きちんとしていない。 5. 生徒の注意を権威者としての教師に向けさせる。	・熱心に取り組み，愉快で同情的になるようにする。 ・教師は教室で起こることに対し責任をとる。 ・生徒が学習するように工夫し，助ける。 ・計画を立て，1つの活動から他の活動への移行がなめらかにできるようにする。 ・生徒の注意を彼ら自身の課題に関係した行動に向けさせる。

第3章 興味に訴える方法

興味を生かして学習意欲を高める

1 興味とは何か

興味という言葉はよく用いられていますが,それは,「おもしろくて,心が引きつけられること」を意味します。つまり,あることに興味をもっているという場合には,次の特徴がみられます。

① その対象に近づき,積極的態度を示す。
② 興味の対象となっているものから愉快な感情が得られる。
③ その対象あるいはそれに関係した活動を持続して行う。

したがって,教育においては,子どもが何に興味をもっているかを明らかにし,それを手がかりにして学習意欲を高めることが必要です。

興味を調べる方法としては,前に述べたように,子どもの行動を直接観察する方法,質問紙で好き嫌い,疑問などを調べる方法があります。

2 興味を生かして学習意欲を高める

学習指導では,子どもの興味に結びつけて,あるいは興味を生かして教材を与え,学習意欲を引き起こすことが大事になりますが,子どもが興味をもちやすいのは,次のような場合です。

① 前に経験し,成功したことのあるもの。
② 一番成功の見込みのあるもの。

③　愉快な感じを与えるもの。
④　本人の能力の水準にあったもの。
⑤　新奇なもので，本人の注意や好奇心を引くもの（次の項で述べる認知的葛藤を引き起こすもの）。

このような条件に合う学習内容や学習活動を与えることによって，学習意欲を引き起こすことができます。

3│興味をわかせるための方策

子どもの興味を手がかりにして，学習意欲を引き起こすといっても，子どもが興味を示さなかったり，あるいは他のことに興味を示したり，当面の学習の妨げになることに興味を示すことがあります。このような場合には望ましい興味を発達させることが必要になります。興味を育て高めるには，次の点を考えることが大事です。

①　快の経験をさせる──まず条件づけ，さらに般化へ

英語の授業でよい答えをして教師にほめられたり，テストでよい点をとったりすると，その子どもは快の経験をします。このようなことがたびたびあると，その子どもは英語の時間，あるいは英語の学習に興味をもち，それを教える教師にも好意をもつようになります。この過程は**条件づけ**といわれ，本人が意識しても，しなくても起こります。そして，この効果が他に波及することを条件づけでは**般化**と呼んでいます。したがって，学習においては，あらゆる機会に，その成功あるいは努力を認め，子どもに快の経験，成功感を体験させ，自己効力感，有能感を味わわせることが大事になります。

逆に，ある教科あるいは活動が不快な経験と結びつくと，条件づけにより，その教科，活動が嫌いになるだけでなく，担当の教師を避けるようになり，さらに般化により，他の教科，他の教師，さらには学校も嫌い，授業も休むようになります。

②　知識を与える──最初はわかりやすく教える

例えば，英語について，まったく知らなければ，英語に興味があるとも，

第3章　興味に訴える方法　35

★興味の育て方

①快の経験をさせる

②知識を与える（わかりやすく教える）

③技能を伸ばす

④能力に応じた課題を与える

⑤積極的態度をもたせる

⑥教師がよい影響を与える

⑦親のしつけを考える

ないともいえません。ところが英語の学習を始め，単語の数が増え，読み・書きができたり，会話が多少でもできたりするようになると英語の学習に対する興味がわいてきます。

したがって，ある教科の学習に興味をもたせようとするならば，まず最初に，わかりやすく教えることが必要です。しかも，教科の知識は，多くの努力によって徐々に得られるので，忍耐強く教えることが必要です。

③　技能を伸ばす

知識の増加に伴って興味が増すと同じく，技能においても，その上達につれて興味が増します。例えば，ピアノやバイオリンのような楽器の練習でも，初めは間違えてばかりで練習をいやがります。ところが，本人が忍耐強く練習するか，あるいは親や教師に言われて，いやいやながらでも練習しますと，少しずつでも技能が身につき進歩し，今度は自分から進んで練習するようになります。算数でも，計算が速く正確にできるようになると，算数に対する興味が増します。

④　能力に応じた課題を与える

知識や技能の獲得は，能力によって違ってきます。学習のため，同じ機会，同じ説明を与えても，子どもによって獲得や進歩の程度が違ってきます。その結果，それらに対する興味の程度も違ってきます。

興味の発達は，子どもの能力を考え，それに適した課題を与えるときに起こります。

⑤　積極的態度をもたせる

学習に興味をもつためには，自分から進んで学習する態度をもつことが大事です。積極的にやっているうちに知識も技能も進歩し，それに興味をもつようになります。子どもが初めから自分には興味がない，能力がないと決めてかかるときには興味は育ちません。食わず嫌いでは，興味を育てる機会を失ってしまうことになります。

⑥　教師がよい影響を与える

教科の好き嫌い，あるいは興味をもつかどうかには，その教科を指導する

教師の態度が影響します。教師自身が，担当の教科に興味と自信をもち，上手に指導するときには，子どもの興味は高まります。「先生の教え方が上手で，よくわかる」とか，「先生がおもしろく教える」とかいったことが，その教科への興味を引きこすことはよくあります。教師が，子どもの欲求や能力・適性を正しく理解し，それに適した指導をすると，子どもは成就感，成功感を味わうことができ，ますます学習に興味をもつようになります。

なお，教師に対する好き嫌いから，教科の好き嫌いが起こることもあります。教師に対する好き嫌いには，もちろん，指導法の上手，下手も影響しますが，さらに教師の性格や言動が影響します。そして，教師を好きになるほど，子どもはその教師の教える教科に関心を示し，学習の効果が上がります。

もちろん，好まれる教師のタイプは，子どもの年齢によっても異なりますが，一般には，教え方が上手，熱心に教える，運動が上手，優しい，朗らか，親切，親しみやすい，公平でえこひいきしない，などは好まれる教師の特質です。

⑦　親のしつけを考える

親が物事に対して何も関心や好奇心を示さず，何を見ても驚きもせず，珍しがりもせず，調べてみようとしない場合には，子どもの興味も伸びません。幼児期から，子どもとともに親が一緒に興味をもち，調べてみる態度をもって子どもをしつけることが大事です。

また，親がある教科は重視し，ある教科は軽視するといった態度を示すと，子どもの教科に対する考え方にも影響します。あまり偏った好みや態度を示すことは問題です。

■指導のポイント

① 　「好きこそものの上手なれ」の諺を生かす。
② 　子どもの現在もっている興味を生かし，それを手がかりに指導する。
③ 　学習にとって価値の低い興味は学習にとって価値の高い興味に高める。

第4章 知的好奇心に訴える方法

知的好奇心の発達と知的好奇心を生かした指導をする

1 知的好奇心は発達する

　知的好奇心とは，「知識や理解など知的なことについて，その珍しいことや変わったことを見たり，聞いたり，調べたりしたがる気持ち」です。この知的好奇心に訴えることによって，学習意欲を引き起こすことができます。

　なお，このような知的好奇心は，幼児期から見られ，幼児は知能が発達するにつれ，あらゆることに好奇心をもちます。

　初めは手で触ってみるといった感覚運動的探索の形式で好奇心を表しますが，言葉を話せるようになると質問をします。2歳，3歳のころは，いわゆる質問期の始まりで，6歳でその頂点に達します。

　年長児になると，好奇心は以前ほど強くないが，環境内の新しいことや直接の環境を越えた広い地域や自然界の新しいこと，珍しいことにやはり好奇心を示し，それを満たそうとします。そして，直接手で吟味したり，分解したり，あるいは質問したりします。いわゆる探索，探求さらには探求活動が盛んになります。その質問は，幼児のように，親だけでなく，自分の周囲の人に広く質問するようになります。さらに，図書などに，その知識を求めるようになります。

　さらに高学年になると，物事の真相，価値を見きわめようとして探究を始めます。

◆知的好奇心の発達

①感覚運動的探索
　（感覚器官や身体的活動による）
　　［乳幼児期］

②質問期
　（言語による）
　　［幼児期］

　　ママ
　　あれな〜に

③探索・探求
　（言語，思考，身体的活動による）
　　［児童期］

④探索・探究
　（特に抽象的・科学的思考を中心とする
　　［青年期］

　食塩水

好奇心の発達は，このような過程を経るが，その好奇心を無視したり，いい加減な対応をすると，子どもの好奇心は伸びません。大人が子どもの好奇心に関心を示し，子どもの立場になって，それを満たすように努めることが大事です。

学習指導では，好奇心の発達に配慮し，いま何に好奇心をもっているかを考えながら，学習意欲を引き起こすことが必要です。

ここでは，心理学で研究されている好奇心に関係のある動機について述べ，どうすれば好奇心を引き起こし，学習に生かすことができるかについて考えます。

2 好奇動機とは

これは，変わったもの，珍しいものを求める動機で，次のような刺激によって一層引き起こされます（バーライン，1957）。

① 不調和——普通の動物の絵よりも，犬のからだに象の鼻をつけたような奇妙な絵に対して，一層好奇心を示す。

② 複雑性——単純な絵よりも複雑な絵に対して好奇心を示す。

③ 意外性——赤の三角形の絵が何枚か続いたあと，急に緑の円の絵が出されると，緑の円の絵に好奇心を示す。

つまり，人は不調和，複雑性，意外性に富んだ刺激を好む傾向があり，これらは好奇心を引き起こします。しかし，刺激があまりに新奇すぎて，不安や恐怖を引き起こすこともありますし，新奇性の刺激でも，繰り返して与えられ，それに慣れてくるとやがて飽きがきます。

3 認知動機とは

知識の探求とか思考とかを引き起こす動機で，頭を使うことを求める動機です。自分から進んでパズルを解いたり，なぞなぞ遊びをしようとしたり，論理的に問題を解いたり，矛盾を解決しようとするのは，この動機によります。そして，このようなことで，頭を働かせ，うまく解決できれば，満足を

表4 認知動機の考え方

提唱者	考え方
①発見の喜び ブルーナー，1960	学習において，学習者が自分で発見することを強調し，その発見そのものが学習の動機づけになると考える。
②概念的葛藤 バーライン，1957	2つ以上の概念，思考，態度などの間に生ずる概念的葛藤（認知的葛藤），つまり頭の中の争いから，学習者は驚いたり，疑問をもったり，困惑したりして，どちらが正しいだろうかといった知的好奇心が引き起こされ，それから学習活動が起こると考える。
③認知的不一致 ハント，1965	学習者がすでにもっている知的経験と新しく入ってきた情報との間に不一致，ずれが起こると，それを解決するために行動が引き起こされると考える。
④認知的不協和 フェスティンガー，1957	認知における矛盾（不協和）を減少させ，調和を獲得しようとする気持ち，さらには矛盾をもたらすものを避けようとする気持ちから，行動が起こると考える。

感じます。

この立場にも，表4のように，いろいろの考え方があります。

もちろん，学習行動を引き起こす葛藤の強さやずれの大きさには，その人にとって最適の水準があり，それからあまりかけ離れたものは，動機づけの力を失います。

この立場に立つと，学習指導では，それぞれの子どもがもっている知識，理解，思考などから適度にずれている学習内容を与えることが必要です。

4 感性動機とは

　これは，感覚的刺激を求めて，さらには刺激の変化を求めて行動を引き起こす動機です。このような動機があることは，感覚遮断（からだの内外からの刺激を極端に減らした状態）の場面で示されました。

◆ベクストン（1954）の研究

★人間は感覚を遮断されると，刺激のある環境を求める。

　大学生に何もしないことに対し1日20ドルを与え，1日中，明かりはあるが，他の刺激をできるだけ減らした防音室で過ごさせた。彼らは，いつでも実験を止めることができるようにした。

　彼らは，たいていの時間を眠っていたが，2，3日経つと，だんだん落ち着かなくなり，刺激を非常にほしがるようになった。株式市場相場を喜んで聞き，難しいテストを受けるように言われてもそれさえ喜んで待ち受けるようになった。自分で刺激を与え，空想にふけった。ある学生は，わずかな手当てしかもらえない重労働の仕事でも，それにつきたくて実験をやめた。

　彼らは，刺激のある環境を求めたのである。

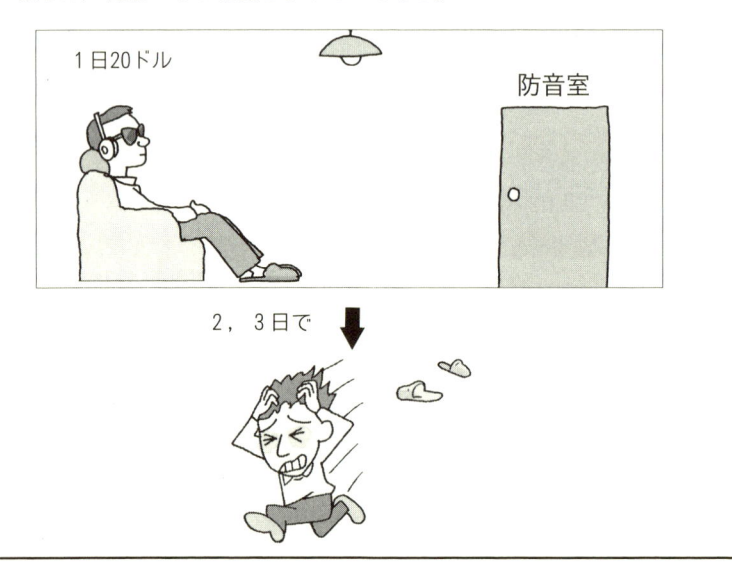

ベクストンの研究から，人間は，刺激のない単調な環境では退屈し，耐えられなくなり，刺激のある環境を求めることが示されています。子どもも同じです。したがって，刺激のある教材，教育方法を用いることによって学習意欲を高めることができます。視聴覚教具は，この点で役立ちます。

5｜活動動機・操作動機とは

人間は，生来，走ったり，登ったり，つかんだり，投げたり，物をいじったり，分解したり，組み立てたりすることを好みます。乳幼児の生活を見ても，やたらに手足を動かしたり，はねまわったりします。よちよち歩きの子どもは，ころんで痛いめにあっても，なお歩こうとします。

外部から特別，報酬を与えられなくても，このように活動したり，操作したりすることを喜びます。この気持ちが活動動機・操作動機といわれるもので，子どもの自発的活動を引き起こす1つの力となります。子どもの活動，操作に訴える学習指導法は，この点からみても効果があります。

6｜知的好奇心を生かす指導法

学習指導では，どんな方法も，子どもの興味，関心，好奇心などに訴え，自発的，自主的に学習するように仕向けることを目指していますが，特に，この点を重視したものとしては，次のものがあげられます。

(1) モンテッソリー法

イタリアのモンテッソリー女史（1964）が主張した教育法です。初めは障害児教育法として考えられましたが，後には幼児教育法として発展したものです。この方法では，子どもの好奇心と探索的探求的行動に訴え，一連の感覚教材（触覚・視覚・聴覚・温度感覚などを訓練するための教材）を与えて，子どもに自発的に反復練習させ，それによって幼児の感覚を育て，さらに知的教育にまで進もうとしました。

(2) 発見法

これは，ブルーナー（1960）が主張したもので，知識を学習させる場合に，

子どもにいろいろ経験させ，子ども自身に概念や法則を考え出させる方法です。

この方法によると，自分の与える報酬あるいは発見そのものによる報酬（発見の喜び）によって，学習意欲も高まり，知識の獲得も速く，その保持もよいといわれています。

確かに，発見法で「発見した」あるいは「再発見した」という成功経験は，勉強に対する望ましい態度，自分の能力に対する自信，学習活動を続けようとする意欲を高めますが，しかし，教師が説明する教示法でも，教師がうまく説明すれば，もっと短時間に学習し，学習に対する知的興味と学習意欲をもたらすことができるという主張もあります（オーズベルの**有意味受容学習**）。つまり，発見法が，内発的動機づけを生ずる唯一の方法ではないということになります。実際の授業では，子どもの好奇心を引き起こし，学習意欲を高めるために，両方の方法を組み合わせることになります。

(3) ブレーン・ストーミング

これは，オスボーン（1957）の考えたやり方で，新しい考え（アイデア）を引き出すための方法です。集団的自由連想で，5人から10人ぐらいの小集団の成員が自由に，自発的に，できるだけ多くの思いつきを出すことを強調します。すべての思いつきが出し尽くされるまでは，それが，たとえ実行できないようなものであっても，批判もしないし，いい，悪いの評価もしません。

この方法は，創造性を開発するのによい方法だと言われています。もちろん，この方法には批判もあるが，自由奔放な自発的活動を強調した点では参考になります。

(4) 概念的葛藤を引き起こす指導法

概念的葛藤や認知的不一致・不協和が好奇心を引き起こすことについては，すでに述べましたが，前述のバーラインは，このような認知的葛藤を引き起こす具体的な方法として，次ページの5つの形式をあげています。

◆バーラインの認知的葛藤を引き起こす方法

① 驚き――理科の授業で，子どもが経験したことのない現象を示し，そこに生ずる驚きの感情を動機づけとして利用する。
② 疑問――数学の授業で，有効かどうかはっきりわからない一般的原理を示し，疑問を生じさせる。
③ 当惑――1つの問題に対し，可能と思われる答えがいくつもあり，どれが一番正しいかわからない場面を与え，当惑を生じさせる。
④ 頓挫――明らかに矛盾し，両立しないいくつかの要求が同時に存在し，どうしようかと困る場面を与える。低学年では実践的な場面を与えるが，高学年では言語的な場面でもよい。
⑤ 矛盾――ある命題（例えば，植物の生存には，日光と葉緑素が必要である）が正しいことを学習したあとで，それにあてはまらない事実（例えば，日光も葉緑素も必要でない植物があること）を示して，矛盾を引き起こす。

このような方法は，実際の授業で多かれ，少なかれ用いられていますが，動機づけの観点から，その効果を比べてみることも必要です。

(5) **教師の発問**

学習指導では，昔から教師の発問はよく用いられています。その代表的なものは，**問答法**です。これは教師と生徒の間で質問―応答を繰り返し，学習を展開させようとする方法です。ソクラテスは，真理を生み出すというところから，この方法を産婆法と呼んでいます。

これは，生徒の好奇心，疑問，驚きなどを刺激し，それによって学習意欲を引き起こし，さらに理解を深めさせたり，まとめさせたり，学習結果を確かめたりするのに役立つと考えられています。

しかし，子どもによっては，「質問に答えられないと困る」とか，「うまく答えられなくて恥ずかしい」と思うことがあり，勉強嫌いになることもあります。したがって，質問する際には，子どもの能力，性格を考え，個人差に応じた質問をします。難しすぎる質問，易しすぎる質問では，子どもの学習意欲を高めるのに役立ちません。

第5章　目的・目標を意識させる方法

目的・目標の具体化とフィードバックが学習意欲を高める

1 | 目的・目標を知ることが学習効果を高める

　何を，何のために学習するのか，どこまで，何を目指して学習するのか，といった学習の目的・目標を明らかにすることは，学習の心構えを作り，学習意欲を高めるのに役立ちます。

　また，学習の目的・目標が明らかになると，学習したあとで，どの程度学習できたかを自分で評価し，反省することも可能になります。

　しかし，この目的・目標は，その人の志に関係します。志は，簡単に言えば欲求の充足を目指して「こうしようと心に決めたこと」であり，志を立てるということは，自分の将来に対し，「何になろう」「何をしよう」と目標を設定することです。理想，夢，希望ともいわれています。この志は，自分の努力目標となり，学習意欲を高めることになり，その後の学習行動を統制し，持続させる力となります。そこで，「少年よ，大志をいだけ」という主張にもなるのです。

　もちろん，小学生では，志をもたないこともあるし，もっていても漠然としたものであり，遠い将来の夢との関連において，その学習目的・目標を明らかにすることも無理です。比較的手近なところにある目的・目標を目指すことになります。したがって，この問題は，子どもの発達段階に応じて考えることが必要です。

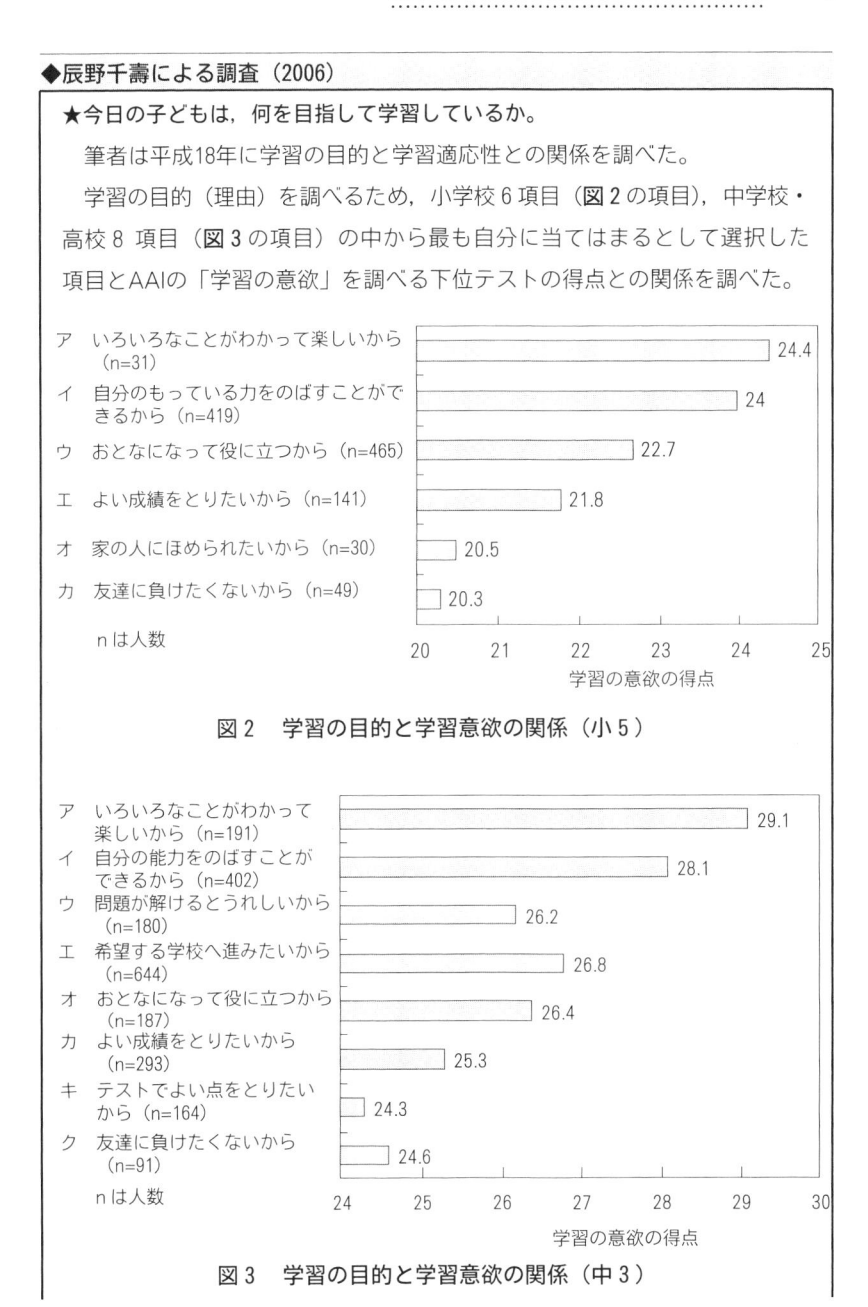

第5章 目的・目標を意識させる方法 —— *47*

◆辰野千壽による調査（2006）

★今日の子どもは，何を目指して学習しているか。

　筆者は平成18年に学習の目的と学習適応性との関係を調べた。

　学習の目的（理由）を調べるため，小学校6項目（図2の項目），中学校・高校8項目（図3の項目）の中から最も自分に当てはまるとして選択した項目とAAIの「学習の意欲」を調べる下位テストの得点との関係を調べた。

ア　いろいろなことがわかって楽しいから（n=31）　24.4
イ　自分のもっている力をのばすことができるから（n=419）　24
ウ　おとなになって役に立つから（n=465）　22.7
エ　よい成績をとりたいから（n=141）　21.8
オ　家の人にほめられたいから（n=30）　20.5
カ　友達に負けたくないから（n=49）　20.3

nは人数　　学習の意欲の得点

図2　学習の目的と学習意欲の関係（小5）

ア　いろいろなことがわかって楽しいから（n=191）　29.1
イ　自分の能力をのばすことができるから（n=402）　28.1
ウ　問題が解けるとうれしいから（n=180）　26.2
エ　希望する学校へ進みたいから（n=644）　26.8
オ　おとなになって役に立つから（n=187）　26.4
カ　よい成績をとりたいから（n=293）　25.3
キ　テストでよい点をとりたいから（n=164）　24.3
ク　友達に負けたくないから（n=91）　24.6

nは人数　　学習の意欲の得点

図3　学習の目的と学習意欲の関係（中3）

> その結果，小・中・高の児童生徒は同じような傾向を示したので，ここでは小5と中3の結果を図2と図3で示す。
> これでみると小・中とも，「いろいろなことがわかって楽しいから」を選んだ者が「学習の意欲」が最も高く，「友達に負けたくないから」を選んだ者が「学習の意欲」が最も低くなっている。この結果は学習指導において参考になる。

2│教育目標の具体化は学習意欲を高める

近年の学習指導では，授業の目標を具体的に表すことを強調します。それぞれの教科の内容について，その学習が完成したときには，子どもは，どれだけのことができるかを分析し，それを行動的な言葉（〜ができるという形）で表そうとするのです（**行動的目標**）。例えば，「理解」というだけでなく，具体的に「例をあげて説明できる」「自分の言葉で説明できる」というように表すのです。また，かけ算の九九についても，「五の段まで間違いなく言える」とか，さらに，「それを何分で言える」というように，その時間まで決めることもあります。

もちろん，すべての教育目標を，行動的言葉で表すことは難しいことです。特に，創作とか鑑賞の領域については，そうです。しかし，できるだけ目的・目標を明確にすることは，学習意欲を高めるのに役立ちます。さらに，このような行動的目標は，学習の結果を評価する際の評価目標，評価基準としても役立ちます。

3 ｜学習前の質問は学習効果を高める

　学習で目的・目標を明確にすることが大事だといいましたが，学習直前に，学習のための質問を与えることも学習効果を高めることが，ウォッシバーンの実験で示されています。

◆ウォッシバーン（1929）の研究

★質問の位置で学習効果が異なる。効果的なのは初めに質問をまとめたとき。

　彼は，1456人の中学生に，社会科の内容（3000語）を25分読ませた。

　その際，グループ1には，学習のための質問を与えず，グループ2では，その質問を文章の一番初めに置き，グループ3では，同じ質問を適当な文節の初めに分散させ，グループ4では，その質問を文節の終わりに分散させ，グループ5では，質問を文章の終わりに集中して置いた。

▶は質問の位置

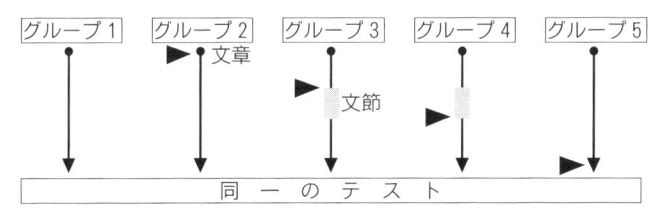

| グループ1 | グループ2 | グループ3 | グループ4 | グループ5 |

（図：各グループにおける質問の位置を示し，読後に同一のテストを実施）

　この文章を読んだあと，どのグループにも同じテストをした。テストは個々の知識と概括とを調べる問題を含んでおり，しかも学習のために与えた質問に関係した問題と関係のない問題の両方を含んでいた。

　その結果は，質問の位置で異なり，最も効果のあったのは，文章の初めに質問の全部をまとめて置いたときであり，最も効果の少なかったのは，文章の終わりにまとめて置いたときであった。

　もちろん，質問を文章の後に置いても効果があることを示した研究もあります（フレーズ，1968）。

　いずれにしても，質問は文章の前であれ，後であれ，質問に関係した内容の再生を高めます。しかし，質問に関係しない内容の再生に対しては，その影響が異なり，後の質問は質問に関係する内容よりも他の内容の再生を高め，

前の質問は質問に関係のない内容の再生を低下させる傾向があります。その理由は，前の質問は学習者の注意を，質問に関係のない内容を犠牲にして，質問に関係のある内容に集中するからだと考えられています（アンダーソンら，1975）。

このように，学習のための質問をあらかじめ見ることは，学習の意図をはっきりさせ，注意を集中させ，理解や記憶を助けることになります。

教科書や参考書などを読む場合に，章や節の中の小見出しを質問の形に置き換えて読むのがよいと，よく言われるが（例えば，ロビンソンのS（概観）・Q（設問）・3R（読む・復唱・復習）法），このような研究結果からみても，それは正しいといえます。

■指導のポイント

① 教える内容あるいは学習する内容について，目標を具体的に示す。
　　何を何のために，どこまで学習するかを具体的に示すと，やる気が出ます。
② 中間の目標を立て，まず，それを目指して勉強させる。
　　遠大な目標だと，子どもにとっては，具体的な学習の目標になりません。山に登るときでも，まず向こうに見える峠までとか，その次はあの岩のところまでとか，1つずつ目標を決め，達成感を味わいながら登ると，割合楽に頂上まで登れるものです。
③ やや難しい目標を立て，それに挑戦させる。
　　努力して困難を乗り超えることにより自己効力感，有能感を味わうことができ，やる気も起こります。
④ 家庭で勉強するときには，「毎日，1時間ずつ勉強する」「毎日，何時から何時まで勉強する」「毎日，ワークブックを2ページずつ勉強する」というように，勉強時間とか，勉強の内容とか，目標を立てさせる。
　　その実行の結果をグラフに書き込ませると，一層効果があります。

第5章 目的・目標を意識させる方法 — *51*

★目的・目標を意識させる方法

①学習する内容について，目標を具体的に示す

三角形の内角の和を求めます

②中間の目標を立て勉強させる

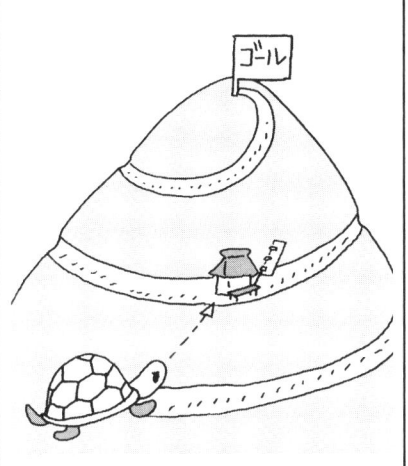

ゴール

③やや難しい目標を立て，挑戦させる

2x1=2
2x2=4
2x3=6
2x4=8
…

よくできました
次は3の位だね

④家庭学習で勉強時間・内容の目標を立てさせる

スケジュール表
月 じゅく TV 勉
火 勉 TV
水 勉 TV
木 じゅく 勉
金 勉 TV
  TV TV 勉
  TV

志を立てる

COLUMN

　学習の目的・目標を明らかにすることが学習意欲を高めるのに役立ちますが，その目的・目標も，その人のもっている志と関係します。志がなければ，何のために勉強するかもはっきりしません。そこで，昔から志を立てることの重要性がたえず強調されてきました。例えば，次はその例です。
　・「志を立ててもって万事の源となす」（吉田松陰）。
　何事を行うにも志が必要である。したがって，まず志を立てることが第一歩だというのです。
　・「人生は志の確立に始まる」（森　信三）。
　これも，人生は志を立てることによって始まることを説いています。
　・「学問は立志より始まる」（佐藤一斉）。
　学問を行うには，まず志を立てることが大事だというのです。志を立てていなければ，勉強しても効果は上がらないことになります。
　・「志ある者は事ついに成る」（後漢書）。
　固い決意をもって，自分の立てた目標に向かって進む人は，どんな困難にあっても最後には事を成し遂げることができるというのです。
　・「少年よ大志を抱け」（クラーク）。
　若者よ，将来に対し雄大な抱負をもって飛躍せよと励ました言葉です。志は大きくもたねばならないし，立てた大志は達成するように努力しなければならないのです。
　もちろん，大志は立てても，それを実現するためには，努力が必要です。「石の上にも3年」という諺もあります。つらくても我慢して続けて努力すれば，いつかは成し遂げられるというのです。忍耐が大切だということのたとえです。
　しかし，他方には「志を満たすべからず」（礼記）ともいわれています。これは志を実現するのに完璧を望んではいけない。ほどほどでよしとしておいたほうがよいというのです。確かに進学などで第一志望が実現できなくても，第二志望でもよいとし，その目標に向かって努力することが大事です。あきらめてはだめです。この点については，「棒ほど願って針ほど叶う」という諺もあります。大きな望みをもっていても，わずかしか叶えられないというのです。

第6章 達成動機に訴える方法

達成動機の高め方とその活用を考える

1 達成動機は学習に影響する―課題の与え方がポイント

達成動機は，簡単にいえば，「物事をよりよくやり遂げよう」「成功しよう」という動機です。このような動機は，学習能率にどう影響するでしょうか。

達成動機の高い人は，一般に次の傾向を示すといわれています。

① 問題解決をする場合に，自信をもち，自ら進んで責任をとる。自分の成功・失敗に対し，自分の責任（努力）を認める（内的統制型）。

② 適度の困難度の達成目標を立て，適度の危険には挑戦するが，易しすぎる目標を立てたり，のるかそるかといった危険なかけはしない。

③ 自分の活動の成果について知らされること（フィードバック）を求める。

④ 仕事仲間としては，親しい人より有能な人を選ぶ傾向がある。

達成動機の高い人は，このように，非常に積極性を示しますが，学習においても，達成動機の高い人は，その低い人よりも，より速く，また実行しようとすることが示されています。しかし，達成動機の高い人でも，単純な決まりきった課題では，達成しようという気持ちが働きません。難しいことを成し遂げ，「達成した」という満足感を得るような場合に積極性を示します。したがって，学習課題の与え方が問題になります。

この点については，アトキンソン（1957）の考え方が参考になります。

彼は，人には達成を求める欲求と失敗を避けようとする欲求の両方をもっており，前者が後者より大きければ，危険を冒してでも達成しようと試みる，と考えています。すなわち，あることを成就したいという動機をもっても「下手にやって失敗したら困る」という失敗回避の気持ちが強いと，「達成しよう」とする気持ちは弱まる，ということです。

2│達成動機の高め方

　達成動機が学習能率に関係するとすれば，達成動機を高めることが必要になります。特に達成しようという願望をもたない子どもには，このような願望をもつように指導しなければなりません。達成動機を研究したマックレランドは，大人で新しい動機を発展させるため，12の提案を示していますが，下に，子どもの教育場面において参考になると思われるものをあげておきます。マックレランドのような考え方に基づいて実際にいくつかの訓練が試みられ，その成果も報告されています。

◆達成動機を高める方法（マックレランド，1965）
①　なぜ動機を発展させるか，その理由を説明する。
②　動機を発展させることが現実的であり，合理的であることを理解させる。
③　動機の役割などいろいろの面について，よく理解させる。
④　動機を行為と日常生活の出来事とに結びつけさせる。
⑤　新しい動機の発展を自己像（自分についてのイメージ）の改善としてみるようにする。
⑥　新しい動機に関係した具体的目標を達成するように専念させる。
⑦　自分が専念している目標に向かって，自分がどのくらい進歩しているかの記録をとらせる。
⑧　本人が温かく，しかも偽りなく支持されており，指導力のある人間として尊敬されていると感ずる雰囲気を作る。
⑨　自己研修を重視し，日常生活の決まりきったやり方から解放させる。
⑩　自分が成功グループに属していると感じさせる。

3 達成動機には家庭のしつけ方が影響する

(1) 社会文化的環境の影響

 達成動機の強弱は，社会文化的環境や家庭環境にもよります。例えば，達成動機は，一般に男性のほうが女性より強いといわれていますが，それは，この社会では男性に対し，その面の社会的要請が強いためと考えられています。

 アトキンソンの考え方では，成功は喜びを，失敗は罪悪感を与えると考えますが，ホーナー（1968）は，女性は高い達成を示すと，女性として社会に受け入れられないという不安から，成功を恐れ，成功に近づくと無意識のうちにそれを回避する傾向があるといい，達成動機の高い女性ほど成功不安も高いという成功恐怖理論を示しました。

 しかし，今日では，ホーナーの時代と社会の受けとめ方が変化しており，成功不安は女性特有のものではないと考えられています。確かに，成績優秀な生徒をいじめたり，やゆしたりする雰囲気のある学級では，男子生徒も達成動機が低くなることがあります。

(2) 親の養育態度の影響

 また，親の養育態度も重要で，子どもの独立心，自己統制力，目標を達成しようとする気持ちなどを奨励し，子どもがこのような期待した行動をしたときには，よくほめたり，認めたりするしつけをすると，子どもの達成動機は強くなり，逆に子どもの行動に多くの制限や干渉を加えたり，罰を与えたりするようなしつけをすると，子どもの達成動機は弱くなるといわれています。

 なお，達成の喜びを感じ得るようにするためには，課題が過度に難しかったり，逆に易しすぎたりしてはだめです。努力すれば解決できる程度の課題を与えることが必要です。自分の力を試してみるような課題を与えることです。幼児期から，このような態度でしつけることによって，高い達成動機をもつ子どもに育てることができます。

■指導のポイント

失敗回避の傾向を軽減することが大事です（第10章参照）。
① 何を，いつまで，どの程度やればよいかわかる課題を与える。
② 目標達成の見通しや筋道などを具体的に説明する。
③ 自分の能力が試されているといった気持ち（自我関与）を少なくし，課題の構造，難易などに関心をもつ（課題関与）ように仕向ける。
④ 授業中，いきなり指名して質問したり，答えさせたりしない。
⑤ テストの実施では，予告し，テストの準備や心の準備ができているようにする。
⑥ 目標が達成できない場合には，その原因について考えさせる。
⑦ 目標が高すぎた場合には，目標を少し下げ，再挑戦させ，最後には成功感を味わわせ，自信をもたせる。
⑧ 「失敗は成功のもと」と考える。
　外国の諺にも「一度も失敗した経験のない者は成功できない」とあります。

第6章 達成動機に訴える方法 — 57

★失敗回避の傾向を軽減する方法

①何を，いつまで，どの程度やればよいかわかる課題を与える。

教科書の50ページを明日までにやってきなさい

②見通しや筋道などを具体的に。

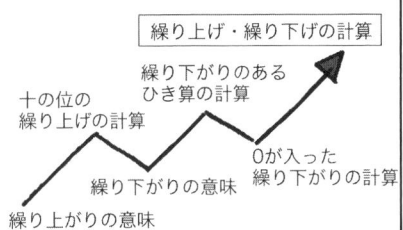

繰り上げ・繰り下げの計算

十の位の繰り上げの計算
繰り下がりのあるひき算の計算
0が入った繰り下がりの計算
繰り上がりの意味
繰り下がりの意味

③自我関与より課題関与。

イメージ豊かに

④いきなりの指名・質問をしない。

⑤テストは予告する。

来週の月曜は算数のテストだよ

⑥達成できない原因を考えさせる。

⑦目標が高い場合は，目標を下げて再挑戦。

⑧「失敗は成功のもと」と考える。

第7章 不安動機を生かす方法

不安動機を生かす方法と不安を取り除く指導

1 不安動機とは何か

　不安は,「気にかかること」とか,「心配」とかいわれるもので,「心が安らかでないこと」です。これは,おもに内部の欲求の葛藤から現れる,対象のはっきりしない恐れです。恐怖と似ているが,恐怖の場合には,実際に危険を感じさせる対象があります。これに対して,不安の場合には,危険を感じさせる対象がはっきりしていない,漠然とした恐れだといいます。しかし,現実には区別しにくいことがあります。

　このような不安は,動機として働きます。そして,不安を避けるためにいろいろの反応を学習します。欲求不満に陥り,不安を感じるとき,これを逃れるために欲求を抑圧したり,場面から逃避することを覚えるのは,それです。

2 不安の強さは学習に影響する

　不安の強さと学習との関係は,2つの面から研究されています。

　1つは,性格特性としての不安(**不安傾向**)との関係です。つまり,不安を感じやすい性格の人と,不安を感じない性格の人とが同じものを学習するとき,学習に違いが起こるかどうかを研究します。この一般的な不安傾向を調べるためには,不安検査を用います。

もう1つは，特定の状況で起こる不安（**状態不安**），例えば，テストのような危機的場面で生ずる不安（これは**テスト不安**といわれる）と学習との関係についての研究です。テスト不安の強さを調べるためには，テスト不安検査を用います。なお，状態不安には，対人不安，スピーチ不安，評価不安などがあります。

しかし，このように分けても，不安傾向と状態不安とは相互に関係しており，不安傾向の強い人のほうが，テスト場面などの緊張場面において不安状態が強くなります。不安を動機として考える場合には，一般に状態としての不安を考えることになります。

◆**不安動機と学習との関係**
① 一般に，易しい課題の学習と記憶では，高不安の者のほうが成績がよいが，難しい課題のときには，低不安の者のほうが成績がよくなる。
② 難しい課題の学習のとき，低不安の者のほうが成績がよいのは，学習の初期の段階だけであり，学習が進むにつれて，むしろ高不安の者のほうが成績がよくなる。特に，「学習は，知能がよいほど，速くできる」といって自我の緊張を引き起こすようなときには，その傾向がみられる。
③ 知能との関係でみると，高不安は，高知能者の学習を促進し，低知能者の学習を妨げる。しかし，2つの単語を一組にして覚えるような記憶（対連合学習）では，学習の後期には，高不安は，低知能者の学習さえも促進する傾向がある。

このような結果から，「不安は，学習場面において，常に避けるべきものであり，減少しなければならないものである」とは限らないといわれています。能力のある生徒は，能力の低い生徒よりも不安から利益を得ています。したがって，教師は，知能の高い生徒には，ときどき不安を高めるべきです。高知能―低不安の生徒には，その不安を高めることによって，高知能―高不安の生徒と同じようによい成績を得させることができるかもしれないといわれています。

3│テスト不安・達成動機の学習への影響は

ある研究では,プログラム学習を用いて,テスト不安と達成動機が学習にどんな影響を及ぼすかを研究しています(カイトら)。なお,プログラム学習は,学習内容を易から難へと小刻みに配列したプログラム教材で学習させる方法です。学習者が自発的に自分のペースで学習を進め,その反応直後に正誤のフィードバックを与えることを原則とします。

◆カイトら(1966)の研究

★達成動機とテスト不安は学習に影響する。プログラム学習では不安は学習を促進する。

大学生139人を用いて,プログラム教材を3週間にわたり,毎週2時間学習させ,その成績を①教材を完成するに要した時間,②誤りの数,③学習直後に行った記憶テストの3つで調べた。

学生を,①達成動機低──テスト不安低,②達成動機低──テスト不安高,③達成動機高──テスト不安低,④達成動機高──テスト不安高の4群に分けた。その結果は次のようになった。

表5　テスト不安,達成動機と成績

グループ	時間(分)	誤数	記憶
達成動機低―テスト不安低	125.2	26.5	20.1
達成動機低―テスト不安高	124.6	19.9	20.6
達成動機高―テスト不安低	107.6	20.2	24.1
達成動機高―テスト不安高	100.0	13.8	27.0

この結果から,次のように結論された。

① 達成動機づけとテスト不安の両方が高い者が,4群の中で最も学習に要する時間が少なく,誤りも少なく,記憶テストの成績もよく,達成動機づけとテスト不安の両方が低い者が,これらの点で最も悪くなっている。達成動機づけとテスト不安のどちらかが高い者のほうが,そのどちらかが低い者より成績がよくなっている。

> ② プログラム教材のようによく順序づけられ，しかも比較的易しい教材においては，動機づけの高い者のほうが，その低い者よりも一層能率的に学習する。達成動機づけが高くテスト不安の高いグループは，プログラム学習の特徴である「結果をすぐ知らされること」から，一層成果を上げている。

このような結果をみますと，よく順序づけられ，体系化されている学習（構造化されている学習）では，不安は学習を促進するといえます。この点からみても，学習内容の系統化，順序化は大事です。

4 テスト不安は学習に影響する

(1) テストの果たす役割

学校で行うテスト・試験は，教師の立場からすれば，①子どもが指導目標に到達したかどうかを知って指導に役立てる，②指導の目標，計画，方法などを改善するのに役立てる，③カリキュラムや教科書の適否をみるのに役立てる，など指導を改善し，子どものよりよい発達を促進するのに必要です。

他方，テストを受ける子どもは，テストによってどのような影響を受けるでしょうか。これについては，次の点があげられています。

① テストの予告が学習意欲を高める。
② テストを受けることによって，知識，理解などを確認できる。また，答案を書くこと自体が1つの学習となる。
③ 答案が返却されたとき，自分の学力について長所・短所を知ることができる。これがまた，その後の学習の動機づけにもなる。

(2) テスト不安を解消する必要性

いまあげたのは，テストの効果を積極的な面からみたものです。しかし，テストに伴う弊害も考えられます。まず，テストに対する不安とか恐怖です（**テスト不安**）。これは年長になるほど強くなります。自分が評価され，成績がよくないこと，あるいは他の人よりも劣ることが見いだされることは，自

尊，不安，他人からの尊敬などに対する基本的欲求を妨げることになり，大変不快な経験となります。成績のよい子どもでも，すべてのテストでよい点がとれるとは確信できません。そこで，テストと言えば，だれでも不安や緊張を経験することになります。

しかし，他方では，テスト不安への対処もみられます。まず，テスト不安を感ずるとき，その不安を解消するのに，次の2つのタイプがあります（サラソンら，1960）。

① テスト課題を完全にやり遂げることにより不安を解消しようとする。
　　この場合には，テストの準備をよくし，テストで成功しようと努力するので，成績がよくなります。
② テスト課題に無関係な反応をする。
　　例えば，無力感をもつとか，テスト場面からの逃避を空想するとかいった反応をします。この場合には，テストの成績は悪くなります。

テスト不安の影響も人によって異なるが一般的には次の傾向がみられます。

① 低不安の者は，自分の成績が評価されると言われて，それに挑戦するとき，成績が一層よくなる。
② 高不安の者は，このような条件下では，成績が悪くなる。
　　高不安の者は，評価でおびやかされず，また課題も難しくないときによい成績をとります。

したがって，テストの場合には，過度の緊張や不安を引き起こさないように，テストの範囲，問題の困難度，テスト後の処理などについて考慮します。テストで子どもをおどすようなことは望ましくありません。

5│不安を取り除く指導方法

適度の不安は，学習意欲を高めるのに役立つが，過度の不安は，学習を妨げ，成績を低下させます。したがって，過度の不安に陥らないように，あるいは過度の不安は取り除くようにしなければなりません。そのためには，次のような手だてを講ずる必要があります（クレイグら，1975）。

第7章　不安動機を生かす方法　　63

★テスト不安を取り除く手だて

不安を抱く生徒を見分ける

適切な目標を立てる

明日からは
この練習帳を毎日
1枚やりましょう

報酬をうまく与える

今度は好きな本
の感想を聞かせ
てくれるかな

子どもの仲間の協力を求める

脅迫を最小にする

・評価場面の数を最少に

・テストの時間制限をなく
す

・教科書，ノート持ち込み
自由

できないと
いうところまで
やりなさい

教科書　ノート

◆不安を取り除く方法（クレイグら）

① **不安を抱く生徒を見分ける。**

高不安を抱く生徒（特に知能が高く，不安の高い生徒）は，教師が見抜くことが難しく，また，男子は女子ほど，その不安を声に出さないので見分けが難しくなる。このような場合には，質問紙形式の不安検査が役立つ。

② **適切な目標を立てる。**

不安をもつ子どもに対しては，教師や親が現実的な目標を立てる。期待を子どもの発達に釣り合った水準まで下げることによって，子どもの不安を減少させ，学習活動を改善できる。

③ **脅迫を最小にする。**

教師は，次の試みによって，不安をもつ子どもの学習を改善できる。

・評価場面の数を最少にする。テストで脅かさない。
・失敗と非難が起こる心配のない，易しい課題を与える。
・期末の成績に加えないテストとして行う（特に形成的評価において）。
・個人的な援助を与える。
・心配症の子どもには，テストから時間の制限を取り去り，そののろのろした，用心深い問題解決のやり方に罰を与えないようにする。
・教科書，ノートなど持ち込み自由の試験を行う。
・不安を抱く生徒には，試験に二度チャンスを与え，脅迫感を減少させる。

④ **生徒の価値を尊重する。**

成績の悪いときには，教師がその子どもを嫌うような態度を示さないようにする。

⑤ **報酬をうまく与える。**

教師がほめても，内気な，はにかみ屋の子どもには，最初は報酬にならないことがある。称賛が教室に不快，自己防衛，非現実的な願望，不信などの好ましくない行動を生ずる場合には，物とか活動による（好きな本を読ませるなど）報酬を与える。

⑥ **敏感性を除去する（脱感作ともいう）。**

これは，不安を引き起こす刺激や場面に対して過敏に反応しないようにすることで，強度の不安と恐怖を取り除くのに役立つ。その方法には，いろいろあるが，

不安を引き起こす場面にだんだんに慣らすとか，不快な作業（例えば，クラスで発表すること）と快感を与えるもの（例えば，仲間や教師の承認）とを結びつけることを反復するとかいった方法が用いられる。

⑦　子どもの仲間の協力を求める。

教師が直接，注意を向けると，内気で，引っ込み思案の子どもは，一層人前を気にし，不安定になる。そこで，内気な子どもが気にいっていると思われる子どもと一緒に遊ばせるとか，学習させるとかいった指導をする。

⑧　過剰学習をさせる。

学習が完成したあと，さらに余分に反復練習することを**過剰学習**あるいは過剰訓練というが，不安を感ずる子どもには過剰学習をさせ，自信をつけることである。

⑨　見通しのきく教室を準備する。

不安の強い子どもは，新しい，未知の場面に対しては恐れを感ずるものである。そこで，やることがはっきりしており，一貫性があり，頼りになる教室環境を用意する。不安の強い子どもは，新しい概念や技能が初めて教えられるときは，不安を感じ，学習がうまくいかない。教師が多少余分に注意を払うとか，個人的に援助するとかすることが必要である。

⑩　プログラム学習を行う。

高い不安は，前に述べたように，複雑な難しい知的な課題の学習を妨げるが，易しい課題の学習を促進する傾向がある。そこで，難しい課題は，小さい単位に分け，しかも易しいものから難しいものへと，段階づけたプログラム教材で学習させるようにする。この学習により，正答とか成功を得る割合が多くなり，自信をもつようになる。

⑪　個人的に，あるいは6人以下の小グループで教える。

⑫　望ましい社会的行動はすべて強化し，自信をつける。

第8章 成功感に訴える方法

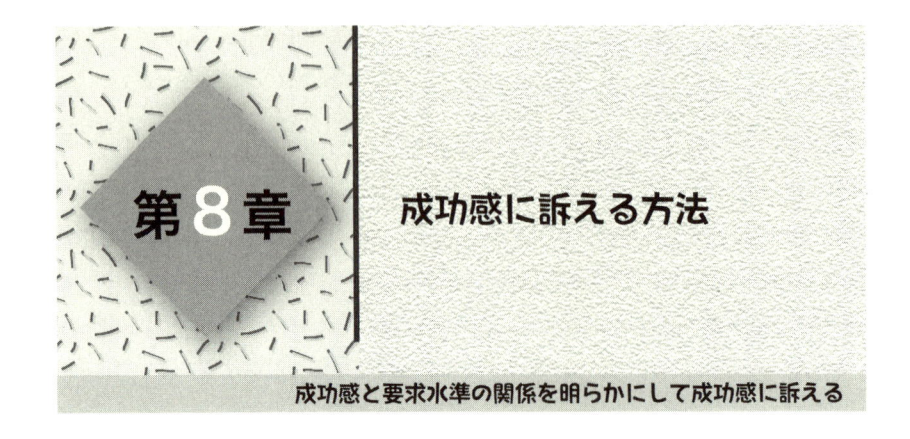

成功感と要求水準の関係を明らかにして成功感に訴える

1 成功感を味わわせることが学習意欲を高める

「勉強がうまくいった」「成功した」といった成功感を味わうことは、先にあげた自我の欲求を満足させることになり、ますますやる気が出ます。そこで、子どもの学習態度、学習結果について、「よく勉強するようになった」とか、「よくできた」という励ましや称賛の言葉は、子どもに満足感、成功感を与え、学習意欲を高めることになります。また、学習の結果をグラフに示し、進歩のあとをたどらせることも、「こんなに上達した」という成功感を味わわせることになります。

2 成功感は要求水準によって決まってくる

ところが、称賛とか、学習結果を知らせることが、いつも成功感を味わわせるとはかぎりません。というのは、子どもが成功したと感ずるか、失敗したと感ずるかは、本人のもっている要求水準に関係しているからです。

要求水準は、本人が「このくらいはできる」と、勉強にとりかかる前に、あらかじめ立てている予想の高さです。第三者がみて成功というのは、一定の目標に到達することですが、子どもは、自分なりに立てた予想に到達すれば、成功と感じ、到達しなければ、失敗と感ずることになります。例えば、テストで70点とればよいという要求水準の子どもは、70点とれば成功と感じ、

★同じ学習結果でも本人の要求水準が異なると味わう成功感が違ってくる。

80点をとろうという要求水準の子どもは，70点では失敗と感じます。したがって，学力を高めるためには，要求水準を高め，高い水準で成功感を味わわせることが大事です。

3│成功経験は要求水準を移動させる

要求水準の高さは成功感，失敗感に影響するが，逆に，この成功感，失敗感が次の要求水準の立て方に影響します。この点については，かつて，次のような興味深い研究が行われました（シアーズ，1940）。

この研究では，小学生（4・5・6年）が算数と読みを学習するとき，成功したと言われた者と失敗したと言われた者とでは，次の目標を設定する際に違いが現れました。つまり，これらの学習で成功経験をもつ者は，次の目標設定において現実的になり，自分がいま行った水準よりいくらか高い程度の進歩を期待していたのです。自分が実現できないほど高い得点は期待しないということです。これに反して，失敗経験をもつ者は，失敗のために失望し，何の期待ももたないか，あるいはまったく実現できないような高い成績を期待することによって，自分の失敗を無視する傾向を示しました。俗にいえば，「破れかぶれ」の状態を示したのです。

しかも，このような傾向は，過去の学校生活において，よい成績を得て成功したと感じている子ども（成功群），学校で悪い成績を得て失敗したと感じている子ども（失敗群），ある教科では成功し，他の教科では失敗したと

感じている子ども（混合群）によって，一層はっきり現れています。すなわち，成功群は，失敗群よりも，成功条件においてはもちろん，失敗条件においても，前の成績と次の要求水準との差（目標差）が小さくなっています。

もちろん，成功・失敗に伴う要求水準の移動は，その人の性格によっても違います。頑固な者は，いくら失敗しても要求水準を下げないし，控え目の者は，いつも要求水準を控え目に立てがちです。

4｜学習課題は成功感・失敗感に影響する

成功，失敗の感じは，また，学習課題の難易度によっても異なります。課題が非常に易しい場合には，全部完了しても，成功したとは感じないし，逆に課題が非常に難しい場合には，たとえできなくても，失敗したとは感じません。この点について，ホッペ（1930）は，自我が関与する（関心をもつ）課題の範囲で成功・失敗の経験が生ずると考え，その関係を図4のように示しています。

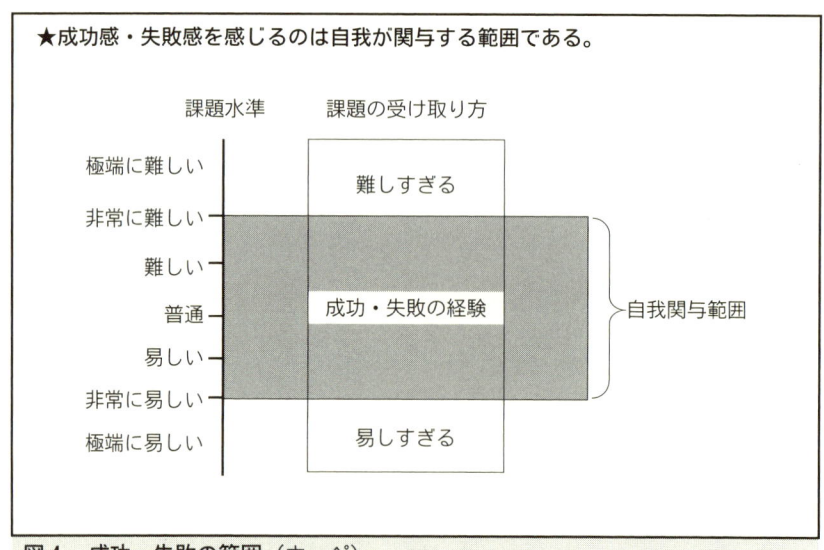

★成功感・失敗感を感じるのは自我が関与する範囲である。

課題水準	課題の受け取り方	
極端に難しい	難しすぎる	
非常に難しい		⎫
難しい		｜
普通	成功・失敗の経験	｝自我関与範囲
易しい		｜
非常に易しい		⎭
極端に易しい	易しすぎる	

図4 成功・失敗の範囲（ホッペ）

したがって，子どもの学習においても，教材の難易度が問題であり，易しすぎても，難しすぎても，学習意欲は起こらなくなります。
　この点からみても，それぞれの子どもの能力を考え，それに適した教材を与えることが大事です。

5 ｜ 成功・失敗の影響は子どもの性格による

　成功・失敗の影響は，子どもの性格によっても違います。
　ビネー式の知能検査では，問題が易しいものから難しいものへと順に並んでいます。そして，子どもが全部できるところから始め，だんだん難しいところへ進み，5，6問続けてできなくなったところで打ち切るようになっています（連続的方法）。最後は，どんな子どもでも失敗することになります。そこで，ハットの研究では，このやり方を変え，易しい問題と難しい問題とを交互に出しながら進ませ，続けて失敗したという感じを少なくするようにしました（調整的方法）。彼の実験によると，不適応の子どもは，失敗に対する抵抗力が弱いので知能の働きまで悪くなるというのです。

◆ハット（1947）の研究

★不適応の子どもは失敗に対する抵抗力が弱いので知能の働きまで悪くなる。
　能力の同じ子どもを，問題を易しいものから難しいものへと並べてテストしたグループと，交互に並べてテストしたグループに分けて実験した。なお，各グループは，よく適応している子ども（日常生活で満足感をもち，明朗な者）と，不適応の子ども（いつも圧迫感をもち，不満を感じ，暗い表情をしている者）とに分けた。その結果が表6である。

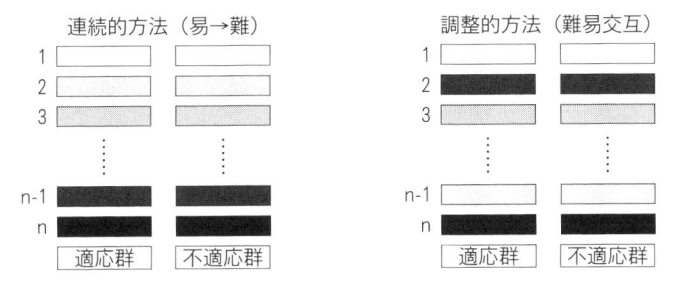

連続的方法（易→難）　　　　調整的方法（難易交互）

適応群　不適応群　　　　　　適応群　不適応群

表6　テストの仕方の影響（ハット）

グループ	連続的方法		調整的方法	
	人数	知能指数（平均）	人数	知能指数（平均）
適 応 群	33	109.6	33	110.4
不適応群	24	91.7	24	102.7

　これでみると，適応性の大きい子どもグループは，普通のテスト方法で知能指数の平均が109.6，問題を交互にした方法では110.4で，両者の間には違いがなかった。ところが，不適応の子どもグループの場合には，2つのテスト方法の間に大きな違いが現れた。普通のやり方のときには知能指数の平均が91.7であったのに対し，交互にした方法のときには102.7となった。

6│失敗後の指導法

　いま述べたように，失敗は学習に悪い影響を及ぼすことがありますので，その悪い影響を取り除くための指導法についても研究されています。カイスターは，幼児について，初めに失敗した問題を，訓練計画の中で計画的に指導し，その解決行動がどのように変わったかをみています。

◆カイスター（1937）の研究

★失敗した問題を計画的に指導することで，課題に対する興味が増加する。

　幼児に対して，訓練では，課題が困難であるときにも，それを持続し，大人の助けを求めず，失敗しても弁明したり問題から逃げたりしないように教えた。その訓練では，初めに失敗し，すぐやめてしまった問題に類似したパズル（パズル箱に木製ブロックをはめこむ）を用いた。パズルは，だんだん難しくなったが，子どもがそれを解いているときに，実験者は努力を続けるように励まし，成功した場合にはほうびを与えた。実験者は，どんな場合にも子どもの解決を助けなかった。しかし，問題の新しい解き方，あるいは材料の新しい取り扱い方を暗示するような質問をしたのである。訓練は毎日8分間から33分間で，6週間続けられた。

このような訓練の前と後とで，子どもの行動がどのように違ったかを，その時間で調べた。図5はそれを示したものである。

　それによると，訓練後には，一人で問題を解こうとする時間が増加し，他人に援助を求めたり，失敗を合理化（言い逃れ）したりするために費やす時間が減少している。また，課題に対する興味も著しく増加している。しかも，このような効果は，かなりの期間持続することが示されている。

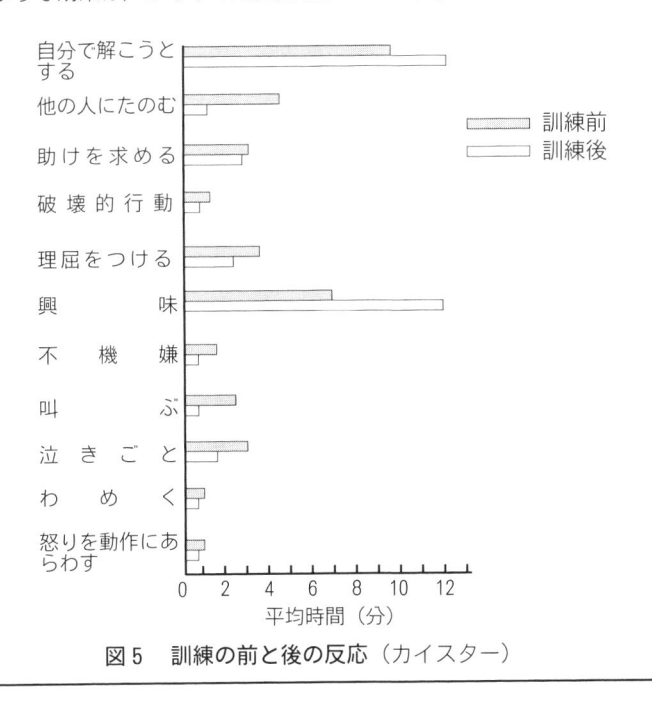

図5　訓練の前と後の反応（カイスター）

このように，問題場面において自分で努力するように指導することにより，失敗の影響をある程度取り除くことができますが，さらに，次の点に注意することも必要です。

① 子どもの能力内で適切な知識と技能をもっている問題を与える。
② 易しいものから難しいものへと格づけした問題を与える。
③ 失敗したときには，「頭が悪いからだ」と非難するよりも，「努力が足りなかった」とか，「注意が足りなかったからだ」とか言って，本人の意欲を高めるようにする。

★失敗感を取り除く方法

①能力相応の問題を与える。

(1) 45 − 27
(1) 104 − 56

②易→難への問題を与える。

(1) 15 − 3 =
(2) 15 − 7 =
(3) 59 − 25 =
(4) 40 − 16 =
(5) 81 − 43 =
(6) 123 − 28 =

③努力や注意を指摘して意欲を高める。

(2)(3)は不注意のまちがいだね
(6)は教科書でもう一度確認！

7 | 成功経験は有能感に影響する

人間は，生来環境と効果的にかかわりをもち，自分を維持し，成長・発展させる能力を獲得し，高めようとする欲求（能力動機）をもち，それによって行動が引き起こされます。そして，その動機が満たされ，成功感をもつと，効力感，有能感をもち，自分と自分の能力についてよい感じ（**積極的自己概念**）や自信をもつようになります。逆に，その動機が満たされず，失敗経験を重ねると，無気力，無力感（**学習性無力感**）や自分についての消極的な感じ（**消極的自己概念**）をいだくようになります。

このようにして，成功経験により有能感をいだくようになると，達成動機づけも高まるし，成功，失敗を自分の努力に帰するようにもなります（**原因帰属**）。

■指導のポイント

成功・失敗が子どもの学習意欲に影響することが明らかになると，指導では，次のような注意が必要です。
① 子どもの能力を考え，「わかる授業」を行い，成功経験をさせる。
② 学習では，多かれ少なかれ，失敗は避けられないが，失敗を次の成功に結びつけ，無力感，無気力に陥らせないようにする。
③ 失敗したときには，その課題の基礎になる問題を与えて，基礎的な知識，技能を十分に習得させる。
④ 難しい課題の学習においては，適切なヒントを与えて成功に到達させる。
⑤ 失敗しても，すぐあきらめたり，投げ出したりしないで積極的に努力を続ける子どもにしつける。

第9章 学習の結果を知らせる方法

学習結果のフィードバックが学習意欲を高める

1 学習結果の知識は学習意欲に影響する

　学習の結果や進歩の状況について，他の人から知らされたり，あるいは自分で調べて（自己監視，自己評価）知ることは学習意欲に影響します。

　結果を知ることは，第1に，自分の学習について情報を得て，学習の仕方を調整し，第2に，動機づけの効果をもつことになります。そこで，学習結果の知識は，一般に学習を促進します。近年，結果の知識は，フィードバックと呼ばれ，知識・理解の学習や運動技能の学習など，いろいろの領域において，その効果や与え方が研究されています。

　学習の結果を知らせる効果，すなわちフィードバック効果が学習指導上大変有効であることが，多くの研究で示されています。ブックとノーベルの研究は，結果を人から知らされた場合ですが，エルウェルとグリンドレーの研究は，学習しながら自分で結果を知る場合です。

第9章　学習の結果を知らせる方法

◆ブックとノーベル（1922）の研究

★結果を人から知らされた場合，成績はよくなる。

　大学生に簡単な作業（小文字のaを書かせる）の練習をさせ，1つの組には，練習のたびに，その結果を知らせ，他の組には，その結果を知らせないことにした。すると，前者のほうが後者よりもよい成績を示し，上達も速くなった。ところが，途中で条件を逆にし，いままで結果を知って学習していた組には結果を知らせず，結果を知らせずに学習していた組には結果を知らせるようにした。そうすると，前者は成績がにわかに悪くなり，後者は成績が急に上昇し始めることがわかった。図6はそれをよく示している。

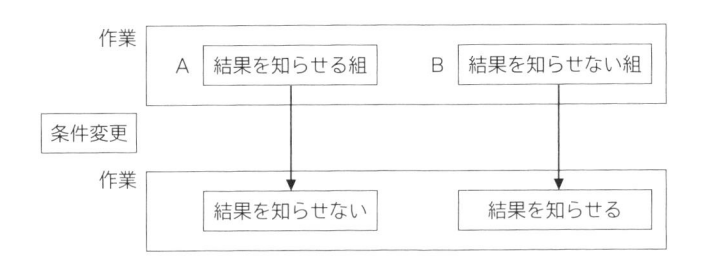

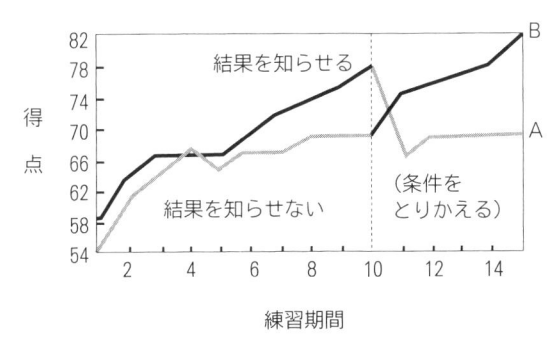

図6　結果の知識と効果　（ブックとノーベル）

◆エルウェルとグリンドレー（1938）の研究

★自分にフィードバックする情報がないと成績は低下する。

　両手の協応運動の学習で，学生に標的の星に光の点を向けるように両手で操作させた。一方の手は垂直運動をし，他方の手は水平運動を行うようになっていた。両手の運動がどのくらい誤ったかは，星からの光のずれの量で示された。ところが，学習のある点（図7のB）で，このフィードバックを取り去った。

　その結果は，図7に示すように，成績はB点で急激に低下した。フィードバックを取り去ることは，動機づけにも影響し，学生は不快や退屈の態度を示し，熱心さを失ったのである。

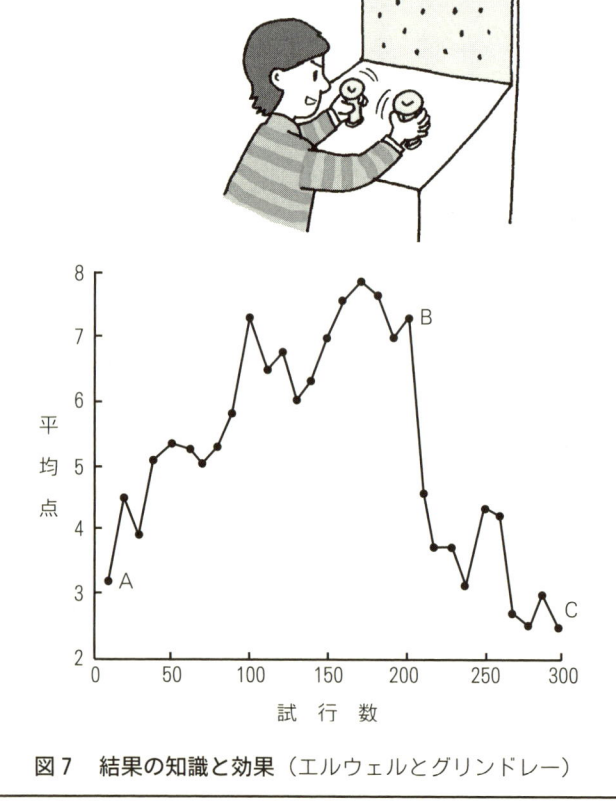

図7　結果の知識と効果（エルウェルとグリンドレー）

2 学習結果をどのように知らせるか

結果の知らせ方でよく問題になるのは，試験やテストの結果あるいは成績の知らせ方です。

(1) 得点と評語はコメントをつけて知らせるとよい

テストの結果を知らせるとき，得点と評語（等級）だけを知らせる場合と，それにいろいろの短い註釈（コメント）をつけて知らせる場合とでは，後者のほうが効果があります。このことは，次の研究で示されています。

◆ページ（1965）の研究

★教師が短評をつけて成績を返すことは，子どもの能力とか学年に関係なく効果がある。

中学・高校生の第1回目の客観的テストの成績について，次の3つの方法で結果を知らせた。

- 短評なし群——テストの得点とそれに対応する評語だけを与え，短評は何もつけない。
- 自由短評群——得点と評語のほかに，教師が自由にその生徒に適した短評を加える。
- 定型短評群——得点と評語のほかに，各評語に応じ，次のような，あらかじめ決められた短評を加える。

  評語A……「優秀である。それを続けるようにしましょう」
  評語B……「よい成績である。それを続けるようにしましょう」
  評語C……「もっとよい成績をとるようにしましょう」
  評語D……「この成績をよくするようにしましょう」
  評語F……「この成績をあげるようにしましょう」

このようなやり方で結果を知らせたあと，第2回目の客観的テストを行い，その影響を調べた。その結果をみると，自由短評群，定型短評群とも短評なし群よりも明らかに成績がよく，自由短評群は定型短評群よりもやや成績がよくなった（有意差はない）。なお，教師が得点だけでなく，自由にそれぞれの生徒に適した短評を加えた生徒が最大の進歩を示し，短評は，生徒の能力とか学年に関係なく効果があった。

(2) 相対評価と絶対評価の特徴を生かす

成績を判定するとき,何を基準とするかにより相対評価と絶対評価に分かれます。相対評価は,集団基準(集団内の位置づけ)に基づいて得点を解釈する方法で選抜目的に適し,絶対評価は,目標基準(目標の達成度)に基づいて得点を解釈する方法で,資格目的,責任目的に適します。

学校教育では教授・学習の改善のために,この両者を用いていますが,子どもの学習意欲に与える影響について,いくつかの研究が行われています。トリートの研究では,よい評語を得ることは,1つの成功経験であり,ちょうど,前述のシアーズの成功群と同じ傾向が見られたのです。

◆トリート(1950)の研究

★成績がよければ人数に関係なくよい評語を与えるほうが,成績も向上する。

答案に点数をつけて返す際,A,B,C,D,Fあるいは5,4,3,2,1で成績を知らせるとき,1つのクラスでは相対評価により,それぞれの評語に属する人数をあらかじめAには何人,Bには何人と決めておいた。それに対して,他のクラスでは,絶対評価により,成績がよければ,人数に関係なしに評語を与えた。

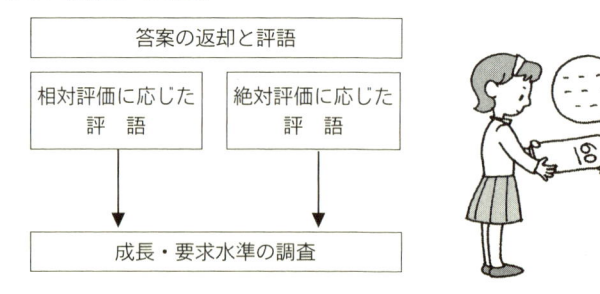

```
        答案の返却と評語
    ┌──────────┬──────────┐
    │相対評価に応じた│絶対評価に応じた│
    │   評 語    │   評 語    │
    └─────┬────┴────┬─────┘
          ↓         ↓
        成長・要求水準の調査
```

その結果によると,評語に対する割合を決めていないグループの子どものほうが成績も向上し,要求水準も一層現実的になったが,評語に対する割合を決められたクラスでは,成績が必ずしも向上せず,要求水準も非現実的になった。

わが国の小・中学校の指導要録における学習の記録の「評定」は，相対評価，絶対評価を加味した相対評価を経て，平成13年の改訂から絶対評価に変わりました。学習意欲の面からみれば，適切であるといえます。

もちろん，相対評価，絶対評価には，特徴があります。学習意欲の立場からみますと，相対評価には，他者を意識して過度の競争心をもち，優越感や劣等感をもつようになるとか，また，その子どもが努力して進歩しても，他の子どもが同じように進歩すれば，学級内の相対的位置は変わらないので，学習意欲が起こらないといった問題があります。しかし，入学試験のように相対評価が行われる場合には，競争意識の強い子どもは，競争に勝とうとして逆に学習意欲が高まります。

また，絶対評価でも，単に目標達成の合否だけでなく，その程度を点数や評語で示すと，やはり相対評価と同じ結果になり，競争心をあおることになります。

したがって，競争がすべて非教育的であるとはいえません。むしろ適度の競争は学習意欲を高めるのに役立ちます。問題は，相対評価，絶対評価の特徴を考え，学習の効果を上げるのに役立つように用いることです。

3 学習結果を効果的に用いる

学習の結果を知らせることは，前述のように，学習意欲に影響しますが，さらに，結果の用い方も学習意欲に影響します。

高校生に論文作成の課題を与え，その成績の用い方を変えることが論文作成の動機づけに役立っていることを調べた研究があります。

◆カレンら（1975）の研究
★課題の完成が成績に関係すると学習意欲が高まる。
　グループ1には，論文を完成すると，学科の成績に割増し点を加え，論文を完成しないと，その点数を加えないと言う。
　グループ2には，論文を完成しないと，学科の成績を下げると言う。
　グループ3には，自分自身の興味と喜びのために論文を完成するように言

う。
　各グループの論文完成の割合をみると，グループ1が64％，グループ2が41％，グループ3が14％で，余分の課題の完成が学科の成績に関係すると言われるときには，生徒は学習意欲を高め，努力するが，楽しみのために行われるときには，その気が起こらないことを示している。

■指導のポイント

学習指導において，学習結果を知らせる場合には，次の点に注意します。
① 計算問題，書き取りなど採点しやすいものでは，その得点を調べ，グラフに表す。学習時間を記録するのも役立つ。
② 得点や評語だけでなく，各人に適した短評を加える。
③ 結果について，細かに，はっきりと知識が与えられるほど，効果は大きい。目標に到達したかどうかというだけでなく，目標から，どのくらいずれているか，どの方向にずれているかを知らせるほうが効果が大きくなる。
④ 結果の知識が積極的（正しいことを知らせる）であればあるほど効果は大きい。つまり，一定の反応が正しいことを知るほうが，一定の反応が間違っていることを知るよりも効果がある。
⑤ 結果はなるべく早く知らせる。
⑥ 結果が本人の期待に反すると，がっかりして，かえってやる気をなくすこともあるので，結果が思わしくないときも，「こんなことではだめだ」などと言わないで，適切に励ます。
⑦ 新しい技能の学習においては，その初期に，結果を知らせる回数を多くする。
⑧ 自己評価は，不安を少なくする効果があるので，適度にこれを用いる。
⑨ 成績に関係しないテストで結果を知らせると，不安を少なくする効果がある。

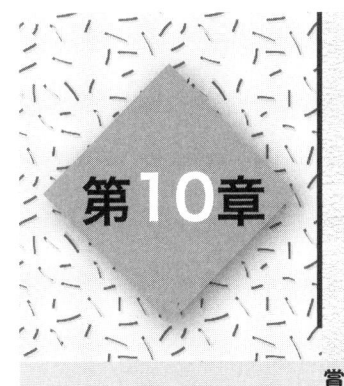

第10章　賞罰を与える方法

賞罰の効果を明らかにし，賞罰の与え方を考える

1│賞罰の効果は

　学習意欲を高める方法として，学校でも，家庭でも，よく賞罰が用いられます。賞としては，ほうびを与えることから，言葉でほめることまでいろいろあり，罰としても，自由の制限から，叱る，注意するまで，いろいろあります。

　子どもは，親や先生にほめられたい，認められたいという気持ちを強くもっていますので，賞罰は子どもに大きな影響を与えます。ここでは，まず，ほめること，叱ることが学習能率にどのように影響するかについて，資料を紹介します。

　古典的な研究ですが，アメリカの心理学者ハーロックは，教師の称賛と叱責が子どもにどんな影響を及ぼすかを研究しています。そして，称賛，叱責の学習意欲に及ぼす効果を認め，さらに，叱るよりもほめるほうが学習意欲を高めることを示しています。

◆ハーロック (1925) の研究

★今日の子どもは，何を目指して学習しているか。称賛，叱責は学習意欲に影響を及ぼす。叱るよりほめるほうが学習意欲を高める。

　4年生と6年生の子どもを等質の4つの組に分け，たし算を5日間練習させた。そして，第1組の子どもは，2日目の練習を始める前に，「大変よくできた」とほめ（称賛組），第2組の子どもは，「大変できが悪かった」と叱り，第3組の子どもは，ほめも，叱りもしないで無視した（無視組）。第4組は，前の3つの組が同じ部屋で練習したのに対し，別の部屋で練習させ，賞罰は何も与えなかった（統制組）。

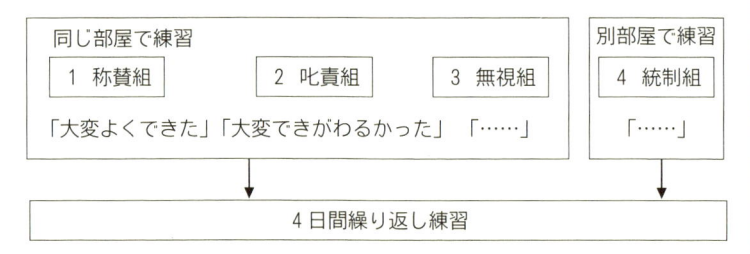

```
┌─────────────────────────────────────────────┐  ┌──────────────┐
│ 同じ部屋で練習                              │  │ 別部屋で練習 │
│ ┌──────────┐  ┌──────────┐  ┌──────────┐   │  │ ┌──────────┐ │
│ │ 1 称賛組 │  │ 2 叱責組 │  │ 3 無視組 │   │  │ │ 4 統制組 │ │
│ └──────────┘  └──────────┘  └──────────┘   │  │ └──────────┘ │
│ 「大変よくできた」「大変できがわるかった」「……」│  │ 「……」       │
└─────────────────────────────────────────────┘  └──────────────┘
                          ↓                              ↓
        ┌────────────────────────────────────────────────────┐
        │              4日間繰り返し練習                     │
        └────────────────────────────────────────────────────┘
```

　手続きを4日間繰り返したところ，図8に示すように，称賛組は，成績が日ごとに上昇したが，叱責組は，最初1回進歩しただけで，それ以後は，逆に成績が悪くなった。そして，無視組と統制組は，共に進歩を示さなかった。

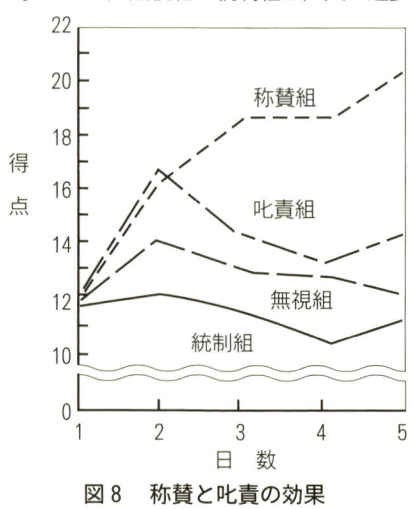

図8　称賛と叱責の効果

2│賞罰の効果には個人差がある

賞罰の効果は，子どもによって異なります。前述の研究では，さらに，次の点が指摘されています。

① 称賛と叱責の効果は，4年生でも6年生でも変わらない。どちらもほめるほうがよいことになる。

② 男女別にみると，男女とも称賛のほうが叱責よりも効果がある。しかし，男子は叱っても効果があるが，女子はほめるほうが効果がある。

③ 成績のよい子どもは叱っても効果があるが，成績の悪い子どもはほめるほうがよい。このことは，最初のテストの成績で，上・中・下の組に分けた場合には，称賛のとき最大の進歩を示したのは下の組で，次が中の組で，最小の進歩を示したのは上の組であったこと，次に叱責のとき最大の進歩を示したのは上の組であり，下の組では効果が少なかったこと，からいえる。

さらに，賞罰の効果は，子どもの性格によっても異なります。それは次ページのトンプソンらの研究からもわかります。

子どもによって異なる賞罰の効果ですが，それは賞罰を与えられたときの感情の違いにも反映されます。ほめられたり，叱られたりしたとき，どんな気持ちがしたか，あるいはその教師にどんな感情をもったかを調べてみるのも，賞罰の効果を考えるうえで参考になります。

筆者らはかつて小学校2・4・6年，中学校全学年，高等学校全学年の児童生徒に，賞罰を与えられたときどう感じたかを調べたことがあります。その結果は85ページ表7のとおりです。

もちろん，賞罰に対する感じ方は賞罰を与える人と与えられる子どもとの人間関係が大きく影響してくることはいうまでもありません。

◆トンプソンら（1944）の研究

★賞罰の効果は子どもによって異なる。

　小学5年生に性格検査を行い，これを内向型と外向型に分け，0から9までの数字の中で7を消させる抹消作業をさせた。そして，賞と罰は，子どもの用紙に「よい」（G），「悪い」（P）の印を教師がつけることで示した。

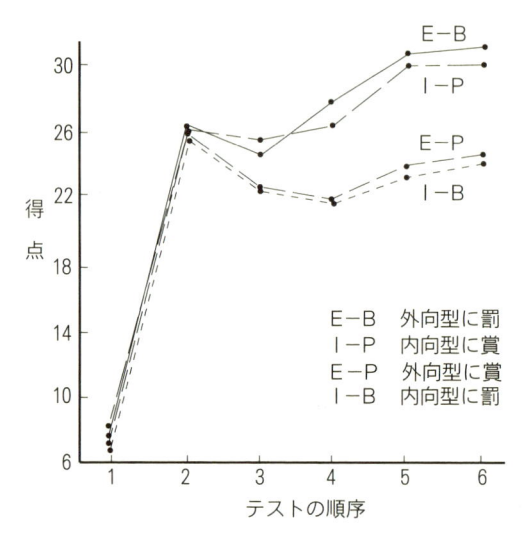

```
E-B   外向型に罰
I-P   内向型に賞
E-P   外向型に賞
I-B   内向型に罰
```

図9　賞罰の効果と子どもの性格

その結果は，図9のようになり，次のことが明らかになった。
① 内向型，外向型のどちらにも，賞罰は学習意欲を高める効果があった。
② 賞を十分に繰り返し与えると，内向型の子どもの成績は次第に向上し，ついには罰を与えられた内向型の子ども，賞を与えられた外向型の子どもの成績よりもよくなった。
③ 罰を十分に繰り返し与えると，外向型の子どもの成績は次第に向上し，ついには，賞を与えられた外向型の子ども，罰を与えられた内向型の子どもの成績よりもよくなった。
④ 内向型の子どもに賞を与えた場合と外向型の子どもに罰を与えた場合には，その成績に違いがなかった。

表7　賞罰に対する反応の分類（辰野千壽ら）

賞　罰	タイプ	反　応
賞に対する反応 小学校低学年はほとんど満足型,高学年になるといろいろの型が現れる。	①満足型	「うれしかったよ」「よい気持ちがした」というように率直に満足の気持ちを表すタイプ。
	②反省型	「自分のしたことはやっぱりよかった」「当たり前のことをしたまでだ」「これからもよいことをしよう」などと，自分の行為を改めて思い返し，これからも努力しようとする気持ちを表すタイプ。
	③羞恥型	「恥ずかしかった」「顔が赤くなった」とほめられて，かえって恥ずかしがるタイプ。
	④無関心型	「別になんともなかった」というだけで，ほめられたからといって感動も何もないタイプ。
	⑤好感型	「その先生に温かさを感じた」と，相手の教師に対する感情を示すタイプ。
	⑥反動型	「おだてているらしい」「どうせ口ばかりだろう」と，教師の称賛をゆがめて受け取るタイプ。日ごろの反感の表れともいえる。
罰に対する反応 小学校低学年では悲観型，恐怖型が多いが，高学年になると肯定型，反抗型，恥辱型が増える傾向がある。	①肯定型	「叱られても仕方がない」「よく勉強しなければと思った」などと，叱られたことに対して自分の非を認め，二度とそんなことはすまいと決心するようなタイプ。
	②反抗型	叱られたことに納得しないで，むしろ教師が叱ることが悪いと思うタイプ。「これくらいのことでなんだ」「くやしい」と感じる場合。
	③悲観型	「悲しく思った」「暗い気持ちになった」などと感じ，反省もないタイプ。
	④恥辱型	「恥ずかしかった」「顔が赤くなった」などと感ずるタイプ。気の小さい子どもに見られる。
	⑤恐怖型	「こわくなった」「びくびくしてしまった」「先生を怒らせるとこわい」などと感ずるタイプ。叱られた行為よりも，叱った先生に注意が集中してしまう。
	⑥無視型	「別に何とも思わない」「知らん顔をしていた」など，叱られたことを黙殺し，自己の安定を保つタイプ。

3│報酬の種類が学習成績に影響する

いままで賞罰の効果について述べましたが，さらに子どもに与える報酬の種類によって学習成績が異なることが示されています。

テレルらの研究では，報酬の種類によって学習の能率が異なることが示されました。これは子どもの報酬についての好き嫌いによると考えられます。つまり，自分の好きな報酬を与えられるとき，その効果が大きくなると考えられます。このことは，ビセットの研究で確かめられています。

◆テレルら（1957）の研究

★報酬の種類によって学習の能率が異なる。

4，5歳児と8，9歳児に立方体，円錐，円筒のそれぞれについて，2つの中から大きいほうを選ぶ弁別学習（ボタンを押す）をさせ，次の5つの報酬条件の下で，どの条件のとき学習が速く完成するかを比べた。

- 称賛群──正しく反応するたびに，「よくできた」とほめる。
- 非難群──誤った反応をするたびに，「それは間違い」と言って非難する。
- 菓子群──正しく反応するたびに，小さい菓子を与え，食べさせる。
- 証拠群──正しい反応をするたびに，豆を移動させ，全部移動したときに菓子を与えると約束する。学習が完成したときには，すぐ菓子を与える。
- 統制群──正しい反応のあとで明かりをつけるだけで（これは，他の条件のときにも用いる），何の報酬も与えない。

この学習では，菓子群が他のどの群よりも明らかに成績がよく（有意差あり），その次が称賛群であり，この群は他の群よりいくらか成績がよいだけであった（有意差なし）。

◆ビセット (1966) の研究

★自分の好きな報酬を与えられると学習が速い。

　6，7歳児と10，11歳児で，紙ばさみ，おもちゃの洗濯機，マーブルチップ，装身具，ビートルトランプ，おもちゃの自動車，ペニー，宝石の8個の報酬の好みを調べ，最も好きなもの（高い誘因価）と最も好きでないもの（低い誘因価）とを，まず決めた。

　そして，明かりがついたら2つの押しボタンのどちらかを押させ，正しいボタンを押せば報酬が出るようにした装置で，正しいボタンを押すことを学習させた。そこで子どもには，好きな報酬を与える条件と好きでない報酬を与える条件とに分けて学習させたのである。

　学習が進んでいく過程は図10に示すとおりである。

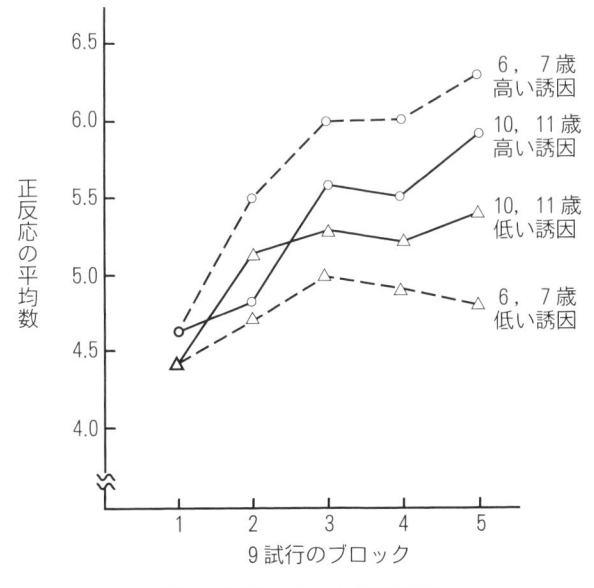

図10　報酬の好みと学習能率

　自分の好きな報酬を与えられる条件のときのほうが，好きでない報酬を与えられる条件のときよりも学習が速い。しかも，この傾向は，年齢が違っても同じである。

これからいえることは，報酬を与えるときにも，子どもの好みを考えることが必要であるということです。

なお，このことは，**プレマックの原理**（Premack Principle）においても示されています。これは，子どもが好み，よく起こる行動が，子どもの好まない，起こりにくい行動を強化するのに役立つというプレマック（1965）の主張です。テレビばかり見ていて，勉強しない子どもに，「勉強したら，テレビを見てよい」という祖母のしつけ方と一致するので，**祖母の規則**（Grandma's rule）ともいわれます。

4 子どもの期待により報酬の効果は異なる

子どもの好みによって報酬の効果が違うことはわかりましたが，さらに与える報酬が子どもの予想や期待に合うか，合わないかによっても，その効果が違います。このことは，次のようなクレスピのねずみによる研究で示されています。

◆クレスピ（1942）の研究

★報酬の量の果たす役割は，学習者の予想水準と実際に与えられる獲得水準との隔たりに比例する。

まず，ねずみを報酬の量の多い条件と少ない条件の下で学習させ，その学習が完成するまで続けた。その学習曲線が頂点に達したところで，報酬の量を逆にした。つまり，図11のEのところで，いままで報酬の量の多かったほうには，逆に報酬量を少なくし，報酬量の少なかったほうには報酬量を多くしたのである。そして，その後の学習曲線を比べた。

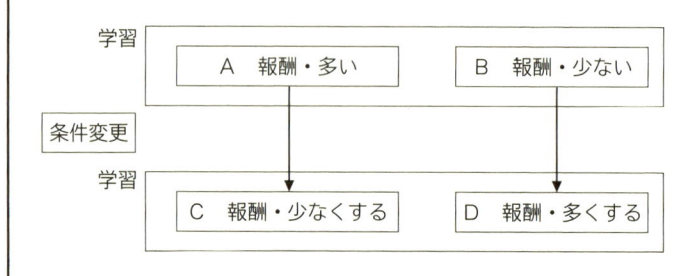

学習	A　報酬・多い	B　報酬・少ない
条件変更	↓	↓
学習	C　報酬・少なくする	D　報酬・多くする

曲線Aは報酬量の多い水準で期待される学習曲線であり，曲線Bは報酬量の少ない水準で期待される学習曲線である。ところが，E点で報酬量が逆にされると，曲線Dは報酬の増加から予想される学習曲線Aを超えて，予想以上に成績がよくなり，曲線Cは報酬量の減少から予想される学習曲線Bをさらに下回り，予想以上に成績が悪くなった。

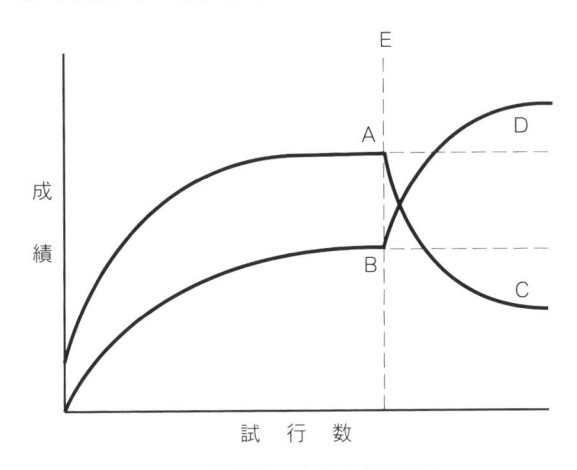

図11　報酬量の変化と学習能率

この結果から，次のことが考えられた。
① 報酬量の変化は，学習者の動機づけの水準に変化を生じ，報酬量の増加が学習者の予想（期待）水準を越えると，学習者を動機づけ，学習を促進する。
② 逆にそれが予想（期待）水準に達しない場合には，学習者に欲求不満を起こし，学習を阻害する。

結局，報酬の量の果たす役割は，学習者の予想水準と実際に与えられる獲得水準との隔たりに比例するというのです（**クレスピ効果**）。

したがって，賞罰により学習意欲を高めるためには，子どもが，どんな賞罰を，どの程度与えられると思っているのか，その予想とか期待を考え，それに応じた賞罰を与えることが必要です。そうでないと，せっかくの賞罰も期待に反し，その効果を上げることができません。

5│教師の皮肉は学習に影響する

子どもに与える教師の皮肉も，学習に影響します。次のブリッグスの研究からは，子どもに皮肉を言うときにはなるべく個人的に，内々に言い，本人に反省させるようにすることが大事であることが示されています。

◆ブリッグス（1938）の研究

★教師の皮肉は，個人的より級友の前で言われるほうが，悪い影響を及ぼす。

大学生に，高校のとき教師に皮肉を言われて，「勉強が一層よくできたか」「同じであったか」あるいは「かえって悪くなったか」を思い出させる。しかも，教師が個人的に，内々に皮肉を言ったときと，級友の前で言ったとき，さらに教師が他の人に皮肉を言うのを見ていたとき，の3つの条件について，その効果を比べる。

その結果をみると，級友の前で皮肉を言われるほうが，個人的に言われるよりも悪い影響を与えている（図12）。

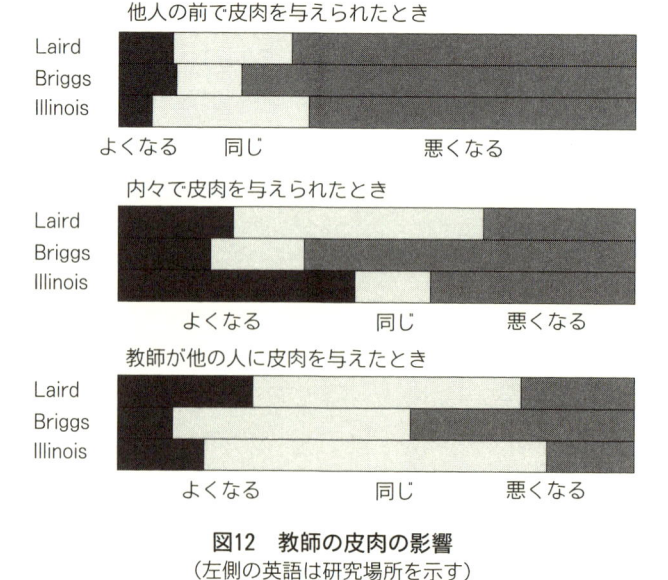

図12　教師の皮肉の影響
（左側の英語は研究場所を示す）

> それは，級友の前で皮肉を言われると，級友に恥ずかしい思いをしなければならず，自我を傷つけられることが一層大きいからである。なお，教師が他の人に皮肉を言うのを見ているのは，内々に皮肉を言われるのと同じような効果をもち，「悪くなる」割合が少なくなっている。

6 | 教師が与える賞罰を見ているだけでも効果がある

　教師が他の人に皮肉を言うのを見ていても，本人が個人的に言われるのと同じような効果をもつことが示されましたが，賞罰についても同じことがいえます。つまり，直接，本人に賞罰を与えないで，モデルになる他人の行動に対して賞罰を与えるのを見せると，直接，本人に賞罰を与えるのと同じような効果があるというのです。

　子どもは，自分の行動に似た行動をしている他の子どもが賞を与えられるのを見ると，一層その行動を行うようになります。逆に，他の子どもが，その行動で罰せられるのを見ると，その行動をしなくなります。これは**モデリング**あるいは**観察学習**といわれます。

　もちろん，子どもが他の子どもの課題や行動に関心をもつことが必要で，それに関心がなければ，賞罰を与えられるのを見ても影響を受けません。

7 | 暗黙の賞罰も効果がある

　他の人が賞罰を与えられるのを見ることは，確かに学習意欲に影響します。ところが，競争場面や少人数の仲間で作業をしているとき，仲間が賞を与えられるのを見ると，自分は間接に叱責されていると感じ（**暗黙の罰**），逆に仲間が罰を与えられるのを見ると，自分は称賛されていると感じ（**暗黙の賞**），それが学習に影響することもあります。

　杉村　健は，明白な賞（人前でほめられた者）と暗黙の罰（これを見ていた者），明白な罰（人前で叱られた者）と暗黙の賞（これを見ていた者）との関係を，次のようにまとめています。

◆杉村　健（1965）の研究

★暗黙の賞はよい成績を示し，暗黙の罰は成績が悪くなる。

　小学校4，5，6年の各学級を対象に1桁の数字4個の加算作業を1日4分間ずつ，2日間続けて行わせ，第2日目の作業直前に，第1日目の成績について，グループごとに次の賞罰を与えた。

　グループ1では，半数の者が級友の前でほめられた（暗黙の罰）。
　グループ2では，半数の者が級友の前で叱られた（暗黙の賞）。
　グループ3では，全員が何の賞罰も与えられなかった（統制群）。

|グループ1|グループ2|グループ3|

　その結果，明白にほめられた者（明白な賞）と級友が叱られるのを見ていた者（暗黙の賞）とは同じようによい成績を示し，級友がほめられるのを見ていた者（暗黙の罰）の成績が最も悪くなった。しかし，この場合，級友が叱られるのを見ていた者の76%は，「自分は叱られたくない」という気持ち，つまり罰を避けようとする気持ちをもち，級友がほめられるのを見ていた者の78%は，「自分もほめられたい」という気持ち，つまり称賛を期待する気持ちをもち，これが学習意欲に影響したと考えられている。

　このように，級友の賞罰を見ていることの効果の説明には違いがありますが，現実には，級友のほめられるのを見て，「自分は叱られている」と感ずる場合もあるし，「自分もほめられたい」と感ずる場合もあります。同様に，級友が叱られるのを見て，「自分はほめられている」と感ずる場合もあるし，「自分は叱られたくない」と感ずる場合もあります。それは競争相手に対してもつ競争心とか，嫉妬心の強さによって違うでしょう。

さらに4年生と6年生について，「勉強」の点で人気のある者5人と人気のない者5人を選び，これらの者を称賛する条件と叱責する条件に分け，これら5人以外の者には賞罰を与えないことにしました。この条件で，5人に対する称賛，叱責が残りの者にどんな影響を与えたかを，杉村　健（1965）は研究しています。それによると，人気のある者に対する称賛は，他の者の成績を悪くし，叱責は，他の者の成績をよくしています。しかし，人気のない者に対する称賛と叱責は，他の者の成績に違いを生じていません。しかも，この傾向は，6年生において顕著に現れています。

8│過剰正当化効果とは

　これは，内発的動機づけによって学習している子どもに外的な報酬を与えることによって内発的動機づけが低下し，学習活動が低下することをいいます。つまり，必要以上に外的な報酬を与えて動機づけを行うと，内発的動機づけで自発的に行っていた学習活動も，義務的に行う感じになり，その活動が低下すると考えるのです。これは賞の与え方に一石を投じました。

　この主張は，次ページのような研究に基づいています。

　この結果に対しては，報酬が内発的動機づけを減少させるのは，学習課題に対する内発的動機づけが十分に高い場合であり，報酬を与える人と，それを与えられる子どもとの間に良好な人間関係がある場合には起こらないこと，また，称賛のような言葉による報酬は物的報酬よりも内発的動機づけを減少させることが少ないことなどが指摘されています。そして，報酬が「Xを行えばYを与える」というように子どもの行動を統制するような方法で与えられないで，「よくできた。あなたは進歩している」というように行動について情報を知らせるような方法で与えられるときには，内発的動機づけへの悪い影響は少ないことも指摘されています。

　このようにみると，報酬がいつも子どもの内発的な学習意欲を低下させることにはならないといえます。教育においては，やはり報酬は大きな役割を果たしています。要は，その与え方です。

◆グリーンとレッパー（1974）の研究

★必要以上の外的な報酬は子どもの自発性を損ねる。

まず3歳から5歳の幼児に一定時間，自由に絵を描かせ，その時間を測定し，その時間が均等になるように，次の3つのグループに分けた。

- 報酬予期群……子どもの欲しがる報酬を与え，次も絵を描くと報酬が与えられることを指示しておく。
- 報酬なし群……絵を描いても報酬を与えない。
- 予期しない報酬群……絵を描けば報酬を与えるが，次も絵を描くと報酬が与えられることを指示しておかない。

この指示のあと，絵を描かせたところ，報酬予期群の子どもは，他の2群の子どもよりも自発的に絵を描く割合が少なくなった（図13）。

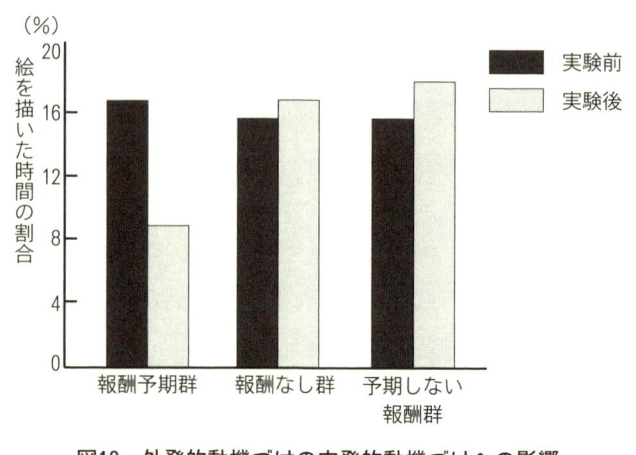

図13 外発的動機づけの内発的動機づけへの影響

参考までにブローフィー（1981）の効果的な称賛の指針をあげておきます。

◆**効果的な称賛の指針（ブローフィー）**

称賛は適切に用いられると，教室場面では効果的な動機づけの役割を果たす。
① 称賛は行動に付随して与える。
② 称賛はただ「よくやった」と言うのではなく，個々のよい行動に与える。
③ 称賛は見せかけではなく，本心から与える。
④ ほうびは指定された遂行基準（努力目標も含む）の達成に与える。
⑤ 生徒の能力あるいは達成の価値について生徒に情報を与える。
⑥ 課題に関係した自分の行動と問題解決について考えるとき，本人が気持ちよく自己評価できるように称賛する。
⑦ 現在の達成を評価する文脈として生徒の以前の達成を比較の基準とする。
⑧ 称賛は難しい課題に対する本人の努力と成功を認めて与える。
⑨ 称賛は成功と努力と能力に帰し，類似の成功が将来も期待できることを表すように与える。
⑩ 称賛は生徒の注意を彼ら自身の課題に関連した行動に集中させる。
⑪ 称賛は過程が完成したあと，課題に関連した行動の評価とそれについての望ましい原因帰属を助長するように与える。

■**指導のポイント**

① 賞罰を与えるときには，子どもの発達，自我の欲求，性格，賞罰に対する期待あるいは感じ方などを考える。
- 内気で，社交性のない内向型の子どもは，叱るよりもほめ，陽気で，積極的な外向型の子どもは，叱っても効果がある。
- 能力の高い子どもは，叱ってもやる気を出すが，能力の低い子どもは，叱ると，ますます自信を失う。むしろ，ほめるほうがよい。
- 男子は，叱っても効果があるが，女子は，ほめるほうが効果がある。
- 関心をもたない課題の出来，不出来に賞罰を与えても効果が少ない。
- 子どもの予想に反した賞罰を与え，欲求不満を起こすときには，賞罰の効果はない。

② 賞罰を与える人とそれを受ける子どもの人間関係，与えるときの雰囲気などを考慮する。罰は個人的に与えるほうが罰せられる者の自我を傷つけない。集団の中での賞罰は，これを見ている者にも効果がある。

③ 賞罰は権威者によって与えられるので，賞罰を強調しすぎると，子どもの独創性と自発性よりも権威への従順と服従を促すことになる。また，教師の期待することを行って賞を得，罰を避ける学習をすることになる。

④ 賞罰は，子どもの行動を統制するために用いるよりも，行動について情報を与える手段として用いるようにする。

⑤ 罰を与えることは，罰する者と罰せられる者との人間関係を悪くする恐れがある。特に，子どもが愛情がないと感ずるときには，罰する者を恨み，罰する者を嫌い，さらに罰を与えられた作業を嫌うようになる。罰は慎重に与え，感情的にならないことが大事である。

⑥ 罰は賞と結びつけるようにする。つまり，罰を与えることにより，間違った行動を抑え，望ましい行動が起こり，賞を与えられるようにする。この場合には，一時的に混乱を起こしても，それが，結局，賞の一層永続的な効果をもたらすことになる。

⑦ 賞罰を与えるときには，できるだけ早く与えるようにする。年長児になれば，間隔があいていても頭の中でそれをつなぐことができるが，年少児では，なぜ叱られるのかわからなくなる。

⑧ 叱るときには追いつめないようにする。テストで間違えたときにも，「頭が悪くて駄目だ」とか，「何をしても駄目だ」などと言わないで，「うっかり間違えたのだろう」とか，「準備が足りなかったせいだ」とか言って，子どもに努力すれば見込みがあると思わせるようにする。

⑨ 狭く叱り，広くほめるようにする。叱るときには，間違った行動だけに焦点をあてる。例えば，算数で悪い点をとったときには，間違えたところを注意し，「頭が悪い」「どうせ国語もできない」などと，非難の感情を広げないようにする。逆に，ほめるときには，算数でよい成績をとったら，「これなら国語もできる」と子どものよいところを広く認める。

⑩ 首尾一貫する。親や教師の気分で賞罰を与え，同じことをしても，あるときはほめ，あるときは叱るというようだと，賞罰の効果はなくなる。

第11章 競争に訴える方法

個人間，グループ間の競争で学習意欲を高める

1 | 競争は学習効率を高める

　子どもは，多かれ，少なかれ，「友達に負けたくない」「友達に勝ちたい」という欲求をもっています。したがって，学習意欲を高めるために競争心に訴えることがあります。しかも，競争は，学習能率を高めることも示されています。例えば女子生徒2人に，初めは競争なしの自然場面で，片仮名を数字に置き換える練習をさせ，次に途中から隣の者と競争させる場面で練習さ

★競争は学習意欲を高める。

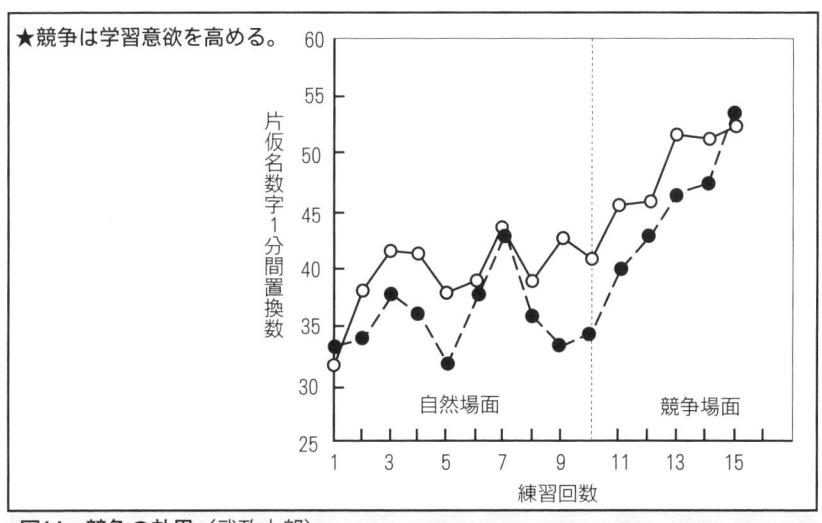

図14　競争の効果（武政太郎）

せました。すると，自然場面では進歩が遅く，むらも多かったが，競争場面に入ると，2人とも著しく進歩しました。図14はその結果を示したものです。

2│個人間競争と集団間競争の効果は

自分の成績を上げるために，お互いに競争する場合（個人間競争）と，自分のグループの成績を上げるために他のグループと競争する場合（集団間競争）とでは，前者のほうが効果があるといわれています。

◆シムス（1928）の研究

★個人間の競争のほうがグループ間の競争よりも学習能率が高くなる。

置き換えと読みの学習において，個人間の競争とグループ間の競争について，その効果を比べたものによると，表8のように個人間の競争のほうがグループ間の競争よりも学習能率が高くなっている。特に，置き換え作業の場合に，その効果は大きくなっている。

表8　競争の効果（シムス）

グループ	置き換え		読み	
	初めの得点	進歩の%	初めの得点	進歩の%
統　制	36.0	102.2	167.3	8.7
集団間競争	36.1	109.9	167.5	14.5
個人間競争	36.2	157.7	167.7	34.7

さらに，このような動機づけを与えながら，連続的に作業させ，練習が進むにつれて，練習の進歩がどのように変わるかを調べた研究があります（マラー，1929）。その結果は図15のように，動機づけが個人の利益に関係しているときのほうが，グループの利益に関係している場合よりも，ずっと効果が大きくなっています。

自分のために練習させるときには，練習に伴ってたえず進歩していますが，グループのために練習させるときには，途中から成績が下がっています。もちろん，グループのための競争の効果は，そのグループの雰囲気，仲間意識によっても異なり，仲間意識が強いほど，競争の効果もあります。

★動機づけの効果が大きいのは、グループのためより自分のため。

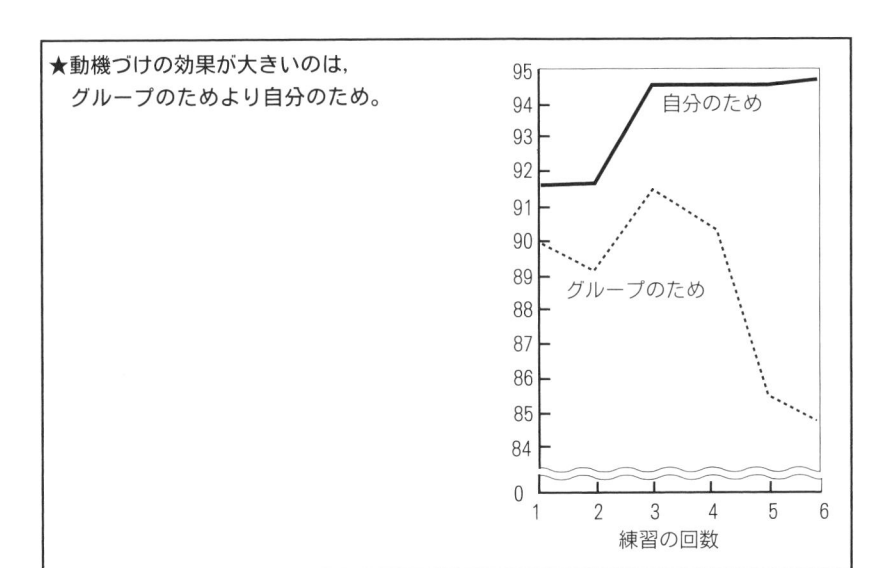

図15　競争の効果（マラー）

3　競争と協力の効果は

　競争と協力では各人の成績はどちらがよくなるでしょうか。パズル問題の解決で、競争的グループと協力的グループの効果を比較したドイッチの研究があります。

◆ドイッチ（1960）の研究

★協力的グループは、競争的グループよりも、成績がよい。

　競争的グループの生徒は、グループで一緒に作業をしたが、問題は個人的に解決しなければならなかった。つまり、生徒は個人として評価されたのである。これに対して、協力的グループの生徒は、問題を協同して解決しなければならなかった。彼らはグループとして評価されたのである。

　その結果、協力的グループは、競争的グループよりも、成績はもちろん、ほとんどすべての点において優れていた。つまり、相互の連絡は一層友好的であり、率直であり、効果的であった。そして、意見は違っても上手に調整し、努力と責任をうまく分担していた。しかも秩序正しく、生産的であった。

しかし，この結果から，すぐこのような問題解決においては，個人で解決するよりも，グループで解決するほうが問題解決の成績がよいと一般化することはできません。確かに，グループによる問題解決には，次ページ**表9**のような利点（マクドナルド，1959）や問題点（ハッドギンス，1960；ジョンソンら，1960）が指摘されています。

ハッドギンスは，協力的学習は必ずしも個人の能力を高めるものではないとして，グループ学習の評価では，個人の成績の評価の合計をグループの成績の評価とする方法を説いています。つまり，グループの成功は，各成員の個人的成功にかかっていることを自覚させることにより，各成員が責任をもって学習するので，各人の学力も向上すると考えているのです。

◆**ハッドギンス（1960）の研究**

★グループ学習は個人の能力を促進するとはいえない。

小学5年生を2つのグループに分け，半分は4人ずつのグループで，他の半分は個人で，算数の問題を3日間（合計120題）解かせた（第1回目）。

その後，いずれの子どもも個人で算数の問題30題を解かせた（第2回目）。その際，子どもにより1日後，2日後，5日後，12日後と時期をずらした。

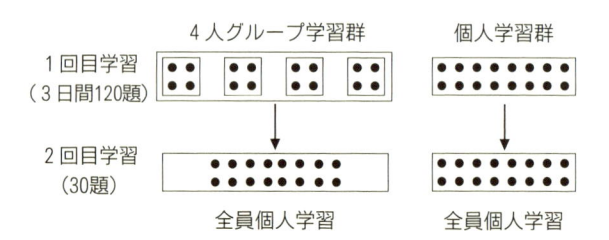

	4人グループ学習群	個人学習群
1回目学習 （3日間120題）	■■■■ ■■■■ ■■■■ ■■■■	■■■■■■■■■■
2回目学習 （30題）	■■■■■■■■■■ 全員個人学習	■■■■■■■■■■ 全員個人学習

その結果，第1回目の段階では，グループで解いたほうが個人で解いた子どもよりも成績がよく，グループ学習の効果が認められた。しかし，第2回目の段階で，すべての子どもが個人で解いたときの成績をみると，グループの子どもと個人の子どもとの間に違いがなく，グループによる問題解決の経験は，個人で問題を解く経験よりも，個人の能力を促進するとはいえないとする結論になった。

表9　グループによる問題解決の長所・問題

長所	①動機づけを高める。	・解決の成功・失敗がグループの成員にかかっているときには，不注意とか軽率はグループによって非難されるのですべての者が注意深く考え，能率的に作業しようとする。
	②知識・理解を高める。	・各自の知識や理解を出し合うので，問題解決を促進する。「三人よれば，文殊の知恵」。
	③仕事の分担ができる。	・問題が複雑な場合には，それを一部分ずつ分担すると，解決が速くなる。しかし，相談したり，批評し合ったりするときには，正確さは増しても，速さは必ずしも速くならない。
	④欲求不満の影響を少なくする。	・仲間意識が強い場合には，失敗しても欲求不満の影響は少ない。 ・たとえ欲求不満を起こしても，仲間に刺激されて解決を続ける。
問題	①人間関係に影響する。	・グループの成員が互いに反感をもったり，グループの全員が課題に取り組まず，グループの中の優れた者が作業し，他は傍観者になったりすることがある。 ・失敗したグループでは，相互非難や失敗に責任のある個人を犠牲にすることがある。
	②成績の処理の仕方に問題がある。	・グループで解決したほうが成績はよくなるが，整理の仕方を変えて，個人で学習した3人をグループとして，1人でも問題を解いていれば正解とすると，グループによる問題解決の有利さは認められない。（マークオート，1955）
	③協力的学習は必ずしも個人の能力を高めない。	・グループ学習の評価では，個人の成績の評価の合計をグループの成績の評価とする方法を用いるようにする。（ハッドギンス，1960）
	④作業における相互作用の型が影響する。	・グループ学習では，そこに含まれる人間間の相互作用の型（協力的，競争的，個人的）が動機づけに影響する。しかも，それは学習課題の種類によって異なる。（ジョンソンら，1960）

表10 相互作用の型と適する課題（ジョンソンら）

相互作用の型	特徴	適する課題
協力的	生徒は，他の生徒が目標に到達するときにだけ，自分が目標に到達できることを認める。	・事実と概念の把握と適用。 ・概念と原理の習得。 ・言語的機能。・問題解決技能。 ・創造的課題。 ・危険をおかすこと。 ・共感の発達。
競争的	生徒は，他の生徒が目標に到達しないときにだけ，自分が目標に到達できることを認める。	・簡単な課題を完成するときの速さの達成。 ・簡単なドリル活動についての作業量の増加。
個人的	生徒は目標に到達しようとする自分自身の試みが，他の生徒の目標に到達しようとする試みと関係がないことを認める。	・事実的知識の習得。 ・簡単な機械的技能。

　ジョンソンら（1975）は，目標に向かって作業するとき，そこに含まれる人間間の相互作用の型（協力的，競争的，個人的）が動機づけに影響すること，しかも，それは学習課題の種類によって異なることを示しています。彼らは，相互作用の型を協力的，競争的，個人的の3つに分け，それぞれに適する課題を**表10**のようにあげています。

　彼らは，学校の普通の学習場面においては，多くの場合協力的な型が適切であることを認めながらも，その効果は学習課題によって異なることを認めています。

4　自分の記録と競争する

　他の人と競争することは，学習意欲を高めるのに効果のあることが示されましたが，反面，この競争が過度になると，焦ったり，不安になったりして逆効果になることもありますし，また，勝敗にだけこだわり，学習本来の目的からはずれることもあります。

そこで，他の人との競争ではなくて，自分の前の記録を破るように，自分の記録と競争するとか，指導目標として示されている基準と競争するといったことが奨励されています。

　グロスの研究では，自分の以前の記録を破るために競争するグループと，相手に負けないようにと相互に競争するグループとを設け，どちらがよい成績を示すか，そしてどちらが不正（カンニング）を多くするかを比べています。

◆グロス（1946）の研究

★自分の記録との競争も効果がある。

　実験者は，生徒に，毎日のテストの結果を自分で採点させ，答えを訂正する（つまり，不正をする）機会を与える。その際，自分の成績と競争するグループの生徒は，本人の進歩の記録をとり，他の人と競争するグループの生徒は，その得点がクラスの他の生徒の得点と比べられる，と言われる。

　その結果は，次のようになった。

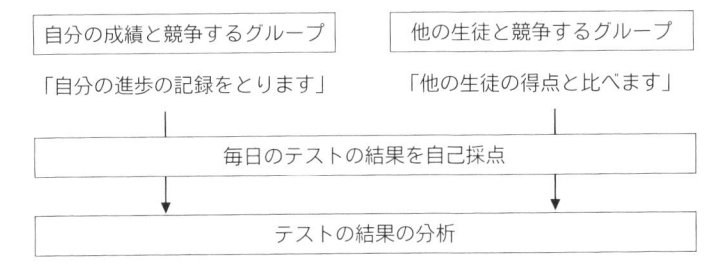

自分の成績と競争するグループ	他の生徒と競争するグループ
「自分の進歩の記録をとります」	「他の生徒の得点と比べます」

毎日のテストの結果を自己採点

↓

テストの結果の分析

① 両グループとも，成績は同じであった。
② 不正も，両グループにおいて，同じ程度に行われた。
③ 知能の高い生徒のほうが，知能の低い生徒よりも不正が少なく，成績もよかった。

　確かにこの研究では，自分の記録との競争も効果があったのですが，競争よりも，テストの結果を毎日知ること（フィードバック）が成績に影響したのではないかともいわれています。

■指導のポイント

競争に訴えて学習意欲を高めるときには，次の点に注意します。

① 過度に競争心を駆り立てない。相互に競争させるときには，過度に焦りや不安をいだかせないようにする。また，勝者が過度に優越感をもったり，敗者が過度に劣等感をもったりしないようにする。相対評価の問題点の1つは，ここにある。

② 学習課題による。計算，書き取りのような単純な機械的作業のときには，競争すると進歩するが，もっと複雑な難しい課題（例えば，思考を必要とする問題）のときには，過度に競争すると，かえって成績が低下することがある。

③ 学習者の性格を考える。不安を感じやすい子どもは，競争において負けることを恐れて焦ったり，緊張しすぎたりする。

④ 競争の相手を選ぶ。能力の同じ者，あるいはやや能力の上の者を目標にし，その人に負けないように努力するとき効果が上がる。力があまりかけ離れた人（上でも，下でも）を目標にしても，やる気は起こらない。

⑤ 自分の記録とか客観的基準とも競争させる。相手との競争ばかり考えないで，自分の前の記録を破ったり，目標とする水準に達したりしたらほめてやる。

第12章 自己動機づけを高める方法

原因帰属との関係から自己動機づけの高め方を探る

1 自己動機づけとは

　自己動機づけは，学習者自身が自分の行動や達成を支配できると信じ，学習しようという意欲をもつことです。

　この自己動機づけには，成功・失敗の原因を自分の能力や努力など自分の内にあると考えるか，それとも運のよしあしとか課題の難易など自分の外にあると考えるかが影響すると考えられています。前者は**内的統制型**，後者は**外的統制型**といわれます（ロッター，1966）。

　この成功・失敗の原因帰属の傾向が，学習意欲や学業成績と関係することが示されるにつれて，原因帰属についての研究が盛んになりました。よく引用されるワイナー（1979）は，**原因帰属**について，次の3つの次元に分けています。

① 内的原因と外的原因
② 安定した原因と不安定な原因
③ 統制可能な原因と統制不可能な原因

　そして，その組み合わせを**表11**のように示しています。

① **内的—外的原因**

　これは，自信，自尊，罪，恥の感情に密接に関係します。もし，成功あるいは失敗が自分の努力や能力などの内的原因に帰せられると，成功は誇りを

表11　帰属の次元（ワイナー）

	内的		外的	
	安定	不安定	安定	不安定
統制可能	典型的努力： 「私はいつも一生懸命勉強する」	直接の努力： 「私は準備しなかった」	教師の態度： 「私は，先生が私を……以後好んでいるとは思わない」	異例の援助： 「私は……なしではできなかったであろう」
統制不可能	能力： 「私はこれが上手だ」	気分： 「私は今日不快だ」	難しい課題： 「そのテストは本当に難しすぎた」	幸運： 「私はたまたま昨夜その部分を読んだ」

生じ，失敗は恥を生じます。その原因が指導する教師，課題の困難さや運などの外的要因に帰せられると，成功は感謝の気持ちをもたらし，逆に失敗は怒りを生じます。

② 安定一不安定原因

これは，将来についての生徒の期待と密接に関係しています。例えば，生徒が成功・失敗を能力あるいは，テストの困難度のような安定要因に帰すると，生徒は，将来類似の課題についても成功あるいは失敗すると期待します。逆に，その結果を気分あるいは運のような不安定要因に帰すると，生徒は，将来類似の課題に出合ったとき，その成績が変わることを期待します。

③ 統制可能一統制不可能原因

これは，自信の感情と将来の期待の両方に関係します。成功が統制可能の原因に帰せられると，生徒はそれに大きな誇りをもち，将来再びそれを達成しようと期待します。逆に，成功が統制不可能な原因，例えば運によって引き起こされると考えるときには，単にうれしがり，運がいつ変わるかを気にします。

第12章　自己動機づけを高める方法

★原因帰属とはものごとの結果の原因を何に求めるかである。

受験に成功	受験に失敗
①内的原因 一生懸命努力したからだ	①外的原因 先生の教え方が悪いんだ
②安定原因 自分には能力があるんだ	②不安定原因 体調が悪かったからなあ
③統制可能原因 よく勉強したからな	③統制不可能原因 テストが難しすぎた

表12　内的統制型と外的統制型の特徴（辰野千壽）

内的統制型の子ども	外的統制型の子ども
・態度が積極的	・態度が消極的
・自信がある	・自信がない
・自律的	・他律的
・場独立型（場の影響を受けない）	・場依存型（場の影響を受けやすい）
・内罰型（欲求不満の原因を自分に帰する）	・外罰型（欲求不満の原因を他に帰する）

2 内的統制型と外的統制型の特徴

内的統制型と外的統制型の特徴は表12になり，次のように説明できます。

① 外的統制型の子どもは，内的統制型の子どもよりも，態度が消極的であり，教師が自分を誤解し，非難し，自分にいらいら，失望，混乱などを引き起こしたと感じる傾向があり，教師に世話をやかせることが多くなります。

② 外的統制型の子どもは，内的統制型の子どもよりも，言語能力テストを受けるときに，易しい項目にも難しい項目にも同じように時間を費やしましたが，内的統制型の子どもは，項目の難易度に応じて計画的に時間を配分して解決しています。

③ 外的統制型の子どもは，内的統制型の子どもよりも，自分と他人を喜ばせるだけの能力がないと失望しているだけでなく，自分の仕事に熱中することもないので，失敗を予期し，どうせ失敗するだろうと考えて取りかかります。その結果，質問に答える際にも不注意であり，間違った推測をします。したがって，成績も低くなります。

④ 外的統制型の子どもは，内的統制型の子どもよりも，教室の学習に対し，心理的に準備ができていません。この型の子どもは，自分の失敗に対し責任を認めることを学習し，成績の向上に必要な努力を払うことを学習することが必要です。

3 自己動機づけも訓練できる

　子どもの学習意欲を高めるためには，子ども自身が自分の行動や達成を支配できるものと信じ，成功・失敗を自分の努力に帰するように仕向けることが大事です。

　ド・シャーム（1979）は，教室において学習意欲を高める方法を研究していますが，学習意欲を高めるためには，学校は，子どもが主体的に行動する主体的行為者となるような機会を与える環境を作り出すべきだと提案しています。すなわち，子どもは，教室において主体的に行動し，自分自身の達成を支配できるか，それとも受動的に行動し，環境に支配され，外部に対して無力を感ずるかに分かれます。したがって，学習意欲を高めるためには，子どもが自分を主体的に行動する人としてみるように励ますことが必要だと考えるのです。

　そして，動機づけを高める訓練において次の点を強調しています。
① 合理的目標を立てること。
② 目標に到達するための具体的計画を立てること。
③ 目標に向かっての自分の進歩を評価する方法を工夫すること。
④ 自分自身の行為に対して喜んで責任を負う態度（自己責任）を伸ばすこと。

　具体的には，次ページに示す主体的行為者としての行動を記述した単語のセットを開発し，子ども（6年と7年）には，これに応じた目標を立て，その目標と一致して行った回数を調べるためのチェック・リストを作るように求めています。その結果，この手続きによる訓練は，動機づけと学力の両方を高めると結論しています。

　また，このように個人的責任を強調した主体的行為者の概念を理解させることは，教育的責任を強調して外部から課したテストよりも教師と子どもの動機づけを高めるのに役立ったといわれています。

◆**主体的行為者の行動表（ド・シャーム）**

① 自分の責任をとる。
② 自分の仕事を注意深く準備する。
③ 目標達成に役立つように自分の生活を計画する。
④ 自分の技能を訓練する。
⑤ 自分の仕事を持続する。
⑥ 目標達成には時間がかかるのを知っているので辛抱する。
⑦ 目標達成のためにはしなければならないことを知っているので，遂行する。
⑧ 自分の進歩を調べる。フィードバックを用いる。
⑨ 自分の技能を完全にすることを目指し，進歩に特別の注意を払う。

4 失敗を努力に帰する訓練が必要である

　学習意欲を高めるためには，子どもが成功・失敗の原因を自分の努力に帰することが大事だと言いましたが，自分の失敗を能力の欠如よりも努力の不足に帰するように説得することも効果があります。確かに，失敗したのは「頭が悪いからだ」と考えると，「やっても，どうせだめだ」と，やる気が起こりませんが，「自分が努力しなかったからだ」と考えると，「やればできるかもしれない」「もう一度やってみよう」という気持ちになるからです。

　次のヘックハウゼンとドゥエックの研究結果をみますと，やはり自分の努力に目を向けるように指導することが大事であることがわかります。

◆**ヘックハウゼン（1975）の研究**

★失敗の原因は努力不足とする説得が学習意欲を高めるのに効果的である。

　失敗は能力の欠如によると思っている5年生に，一生懸命努力することによって試験と宿題の得点を向上できることを教えた。

　4か月後には，この子どもは不安検査の得点が下がり（不安が減少），速さを強調した能力テストの得点が上がった。

　失敗の理由としては能力の欠如よりも努力の不足をあげるようになったことを示している。

第12章 自己動機づけを高める方法

◆ドゥエック（1975）の研究

★失敗は努力不足と言われたほうが失敗に応じて努力する。

　成功・失敗に対し個人的責任を負わない8歳から13歳の子ども数人を取り出した。彼らは，成功を外部の要因に帰し，失敗を能力の欠如に帰した。

　これを2つのグループに分け，1つのグループには，算数の問題を与え，繰り返し，失敗は努力の不足によると言った。問題の約20％は，意図的に非常に難しくしてあるので，失敗は避けられなかった。これに対して，他のグループには，何の訓練も与えず，100％成功できるように易しい問題を課した。

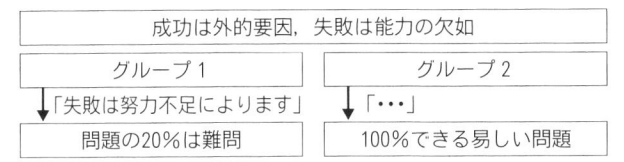

成功は外的要因，失敗は能力の欠如	
グループ1	グループ2
↓「失敗は努力不足によります」	↓「…」
問題の20％は難問	100％できる易しい問題

　次に，両グループが加算の問題（そのいくつかは非常に難しかった）を与えられたとき，訓練を受けたグループだけが失敗に応じて一層努力した。

■指導のポイント

　自己動機づけを高めるために，次の点に注意します。

① 学習において本人の努力を認め，「やればできる」という気持ち（有能感，効力感）をもたせるようにする。

② 失敗したときには，自分ではどうにもならないと考える知能，才能のせいにしないようにする。「頭が悪いからだ」「能力がないからだめだ」などと言わないようにする。

③ 失敗したときには，本人の努力や工夫で変えることのできる条件（統制可能な条件），例えば，病気や疲労，努力不足などをあげ，努力すれば，次回には成功できるという気持ちをもたせる。

④ 失敗してひどく自信を失っているときには，「課題が難しかった」「運が悪かった」「環境が悪かった」などと言って，気持ちにゆとりをもたせることも必要である。

⑤ いずれにしても，失敗したとき，宿命論的，悲観的に考え，「どうせ自分はだめだ」といった無力感に陥らないように指導する。

第13章 学級の雰囲気を生かす方法

学習意欲を高めるための望ましい学級の雰囲気を作る

1 学級集団の雰囲気が学習意欲に影響する

ある集団ができると、その集団特有の雰囲気が生まれ、さらには集団のきまり（集団規範）ができ、集団に属する人々の行動の仕方や考え方に影響します。

学級は、もともと一定の条件のもとに児童生徒を集め、これを教育的に編成したものですが、一度学級が編成されると、そこに学級としての雰囲気や学級としてのきまりができます。落ち着いた雰囲気の学級、落ち着きのない学級、勉強に関心を示す学級、運動に熱中する学級というように、学級に独特の雰囲気が漂うようになります。そして、この雰囲気やきまりが学級で行われる子どもの学習に影響し、学級内の子どもの学習意欲を高めたり、低めたりします。

子どもは、一般に、学級の中で教師や友達に認められたい（承認の欲求）、仲間はずれにされたくない（所属の欲求）、友達と仲よくしたい（親和の欲求）、友達に負けたくない、支配したい（優越や支配の欲求）、さらには自分を見せびらかしたい（自己顕示の欲求）などといった、いろいろの社会的欲求をもっています。このような気持ちが強い者ほど学級の雰囲気の影響を受けやすいのです。

2│望ましい学級の雰囲気は

　子どもが学級の雰囲気によって影響されるとすれば，教師は，それぞれの子どもの学習意欲を高めるような雰囲気を作ることが大事です。一般的にいえば，教師と子どもが信頼し合い，子どももお互いに仲よく協力して勉強できる学級が最もよいことになります。具体的にいえば，次のような雰囲気が望ましいといえましょう。

◆学習意欲を高めるための教室の望ましい雰囲気

① すべての子どもがそれぞれの能力を十分に発揮できる。そして，のびのびと勉強できる。
② すべての子どもがそれ相応に個性を認められ，成功感・安定感を味わうことができる。
③ 一部の子どもが威張って，学級を私物化しない。孤立したり，いじめられたりする子どもがいない。
④ みんなが，わがままな個人的欲求を抑え，学級のために協力する。学級に親和的，協力的雰囲気がある。
⑤ 子どもが授業中，自由に発言でき，間違っても冷やかしたり，からかったりしない。
⑥ 勉強に対して熱意を示し，努力する者を認める。

　このような雰囲気の学級であれば，その学級の子どもの学習意欲は高まります。教師とすれば，学級内の物的・心理的条件を整え，子どもが十分に学習活動ができるようにすること（いわゆる学級経営）が大事です。
　このように，教師が望ましい雰囲気の教室を作るように努力することは，もちろん必要ですが，同時に子どももわがままな個人的欲求を自ら統制し，望ましい雰囲気を作るように協力することが大事です。
　この点について，プレッスリー（2003）は，優れた教師は，教室を次のような環境にすると要約しています。

◆望ましい教室の環境（プレッスリー）
① 共同社会（強いつながりをもつ教室）
② 民主的な場所
③ 興味のある教室
④ 努力を強調する教室
⑤ 遂行の結果（すなわち成績）を過度に強調しない教室
⑥ 自己統制力を育てる教室
⑦ 公然と学習を評価する教室（教育の価値を述べ，指導に熱意を示す）
⑧ 生徒に高い期待をもつ教室
⑨ 効果的なフィードバックに満ちた教室

3│教師の指導力を生かして学級経営を工夫する

　学習意欲を高める雰囲気のある学級になるかどうかは，教師の指導力によります。この問題については，教師のリーダーシップの型としてよく研究されています。そこでは，一般には，「**専制的スタイル**」「**民主的スタイル**」「**放任的スタイル**」の3つの型に分けられています。これをまとめると**表13**になります。

　さらに，教室場面で行われた研究によると，いずれのスタイルにも長所，短所がみられますが，それぞれのスタイルは，**表14**の場合に効果があるといわれています（ウールフォルクら，1980）。

　以上，各スタイルに適する条件を述べましたが，実際にどのようなスタイルを用いるかは，教える教材と学年，子どもの能力・性格，教師の能力・性格などと関係します。したがって，1つのスタイルに執着しないで，場面の変化に応じ，それぞれの子どもの学習意欲を高めるように用いるスタイルを変えていくことが必要です。

第13章　学級の雰囲気を生かす方法——*115*

★教師のリーダーシップの型が効果的な場合

①専制的スタイル

　　　小学校での基礎技能の学習　　　　　不安や恐怖心の強い子の指導

②民主的スタイル

　　　人数の少ない学級　　　　　　　　　能力が高く不安の少ない子の指導

③放任的スタイル

　　　創造性を伸ばす授業　　　　　　　　創造的・有能な子の指導

表13 教師のリーダーシップの型

型	考え方	やり方
①専制的スタイル（権威主義的スタイル，独裁的スタイル）	・子どもの発達は完全に外的条件によって決められる。 ・子ども自身は自分の行動を統制できないので，教師は望ましい行動を引き起こすように子どもの環境を整える。	・子どもの自律性を認めず，教師の指導，統制，管理を重視する。 ・「何をするかは教師が決める」というやり方。
②民主的スタイル（生徒参加スタイル）	・子どもは，教師が適切に指導すると，責任のある自己決定ができる。 ・子どもにかなりの自由を認めるが，それは責任をもって自由を用いることができるようになったときだけに限られる。	・学級の計画を立てたり，意思を決定したりするときに，子どもを参加させたり，意見を聞いたりする。 ・「何をするかについて一緒に決めよう」というやり方。
③放任的スタイル（非指示的スタイル）	・子どもの発達は内からひとりでに，すなわち自律的に現れ，環境や教育の影響は少ない。 ・子どもは成長しよう，学習しようという生得的な欲求をもっているので自己指導が許される場合にのみ最善の成長を達成する。	・統制や教師と子どもの相互作用の形式による介入は認めない。 ・「自分の学習したいものを自由にやりなさい」というやり方。

表14 教師のリーダーシップの型が効果的な場合（ウールフォルクら，1980）

型	考え方
①専制的スタイル （権威主義的スタイル，独裁的スタイル）	・小学校で基礎技能を学習するとき。 ・大きな学級で，民主的なやり方や放任的なやり方では学級を動かせないとき。 ・いずれ他のやり方に変わるにしても，子どもが教師の指示に慣れているとき。 ・不安や恐怖心の強い子どもを教えるとき。
②民主的スタイル （生徒参加スタイル）	・人数の少ない学級の授業のとき。 ・目標が一般的で，いろいろの方法で達成される教材を教えるとき。 ・能力が高く，不安の少ない子どもを教えるとき。 ・年長の子どもを教えるとき。
③放任的スタイル （非指示的スタイル）	・少数の非常に創造的あるいは有能な子どものとき。 ・個人の創造性を伸ばすことを主たる目的とする授業のとき。 ・集団の過程，コミュニケーション，指導性，意思決定あるいは無秩序を研究する学級の実験のとき。

4 学級の秩序を維持する

(1) 秩序の乱れる原因

　学習意欲を高め，学習の能率を上げるためには，教室の秩序を守り，みんなが気持ちよく勉強できるようにすることが大事です。ところが，実際には教室の秩序を乱し，授業を妨げる子どもがいます。遅刻，おしゃべり，奇声や大声，悪口，からかい，いたずら，さらには暴力などの逸脱行為で，学習を妨げるのです。

　子どもが，なぜこのような逸脱行為をするのかについては，子どもの欲求不満やストレスに耐える力，さらには自己統制力の不足があげられますが，その原因としては，次ページにまとめたような点があげられます（ドイル，1986）。

◆逸脱行為の原因（ドイル）

① **課題の魅力のなさ**　学校の課題は，ときに子どもに無意味に感じられ，退屈なものとなる。そこで，子どもは学習意欲も起こらず，いたずらすることになる。

② **権威に対する反発**　学校は集団生活の場であり，授業も学級という集団の中で行われる。そこには当然一定の規則や手続きがあり，教師によって指導されることになる。そこで子どもは，権威主義的と感じ，その制限に反発する。

③ **教師の弱さ**　教師に自信がないと，子どもの逸脱行為を統制する正当な権利を行使しないで，見て見ぬふりをする。そのため子どもの不適切な行動は増加する。

④ **子どもの注意獲得行動**　子どもは教師や仲間の注意を引こうとする欲求をもっている。そこで目立つ行動をし，ついには規則を犯すことにもなる。
　　教師の注意や叱責も，子どもがそれにより教師や仲間の注意を引いたと満足するときには，逆効果になる。

⑤ **学校の期待とのずれ**　学校の子どもへの期待と子どもの学校への期待との間にずれがあると，不適切な行動が起こる。

⑥ **限界のテスト**　子どもは教師の教室経営において，どこまで逸脱が許されるか，その限界をテストしようとすることがある。教師が，何を，どのレベルで注意したり，叱ったりするかを試している。

⑦ **注意の引き戻し**　授業において，教師が自分や自分の属するグループを無視して授業を進めようとするため，不適切な行動をすることがある。

⑧ **難しい作業へのブレーキ**　授業が難しいとか，進度が速すぎて理解できないときに，頻繁に質問したり，わざと返事を遅らせたりすることがある。これは，授業へブレーキをかけるねらいをもっている。

(2) 逸脱行動への適切な対処法

　教室の経営では，このような逸脱行動に適切に対処し，授業の効果を上げることが大切です。教師は，教室の秩序を維持・管理する役割をになっています。不適切な逸脱行動が起こらないように配慮するとともに，いつ，いかなる方法で，それに対処し，秩序を回復するかについて知識と技能をもつことが必要です。

① 逸脱行為が起こらないようにする。

　教室における逸脱行為を防止するためには，次の配慮をします。
- クラスの規則と手続きを明確にする。
　　はっきり説明し，実例と理由を示すことが大事です。
- 規則に違反したときの結果を明確にしておく。
　　例えば，イービィ（1994）は，アメリカの学校における一例を表15のようにあげています。
- 規則を迅速に，合理的に，一貫して適用する。

表15　規則とその違反に対する結果（イービィ）

	規　　則	規則違反に対する結果
小学校	・一列に並んで礼儀正しく待て。 ・時間内に課題を提出せよ。 ・静かに作業せよ。 ・他の人を傷つけるな。	・列の最後尾に行け。 ・休憩時間に遅れた作業をせよ。 ・タイム・アウト（一時隔離）をとれ。 　（3分，5分あるいは10分） ・タイム・アウトをとれ。 　（15分か30分）
中学校	・学校の自習室で静かに勉強せよ。 ・適切な言葉を用いよ。 ・学校の財産を大事にせよ。 ・時間内に課題を提出せよ。	・校長室で勉強せよ。 ・ののしる言葉について感想文を書け。 ・きれいにし，掃除し，ペンキを塗り直せ。 ・減点を受けよ。

規則に違反したときには，その行為の直後に，違反の程度に応じて，しかも一貫して所定の罰を与えます。

② 逸脱行為が起こってしまったときの対処法

教室で逸脱行為が起こったとき，教師がどう対処するかは，その行動の種類や程度，さらには授業中か授業外か，などによっても異なります。

簡単な言葉による叱責，称賛，品物，特権の操作，身振り，目配せ，接近，隔離（タイム・アウト）などさまざまな方法が用いられます。

このような方法で，子どもが騒いだり，友達に話しかけたりしないで，熱心に授業に耳を傾けるような態度を身につけさせるには，**オペラント条件づけの方法**がよく用いられます。オペラント条件づけは，望ましい行動には組織的に賞を与え，望ましくない行動には組織的に賞を与えないか，罰を与えることによって行動を変化させる手続きです。その際，教室における望ましい行動と望ましくない行動を明らかにし，望ましくない行動をしたときには，どのような結果が起こるかを明らかにした契約あるいは協定を子どもや両親と結んで実行する行動的契約法を用いるのがよいという主張もあります。次ページはその一例です（ロイアーとアラン，1978）。

このような方法は，形は多少異なるにしても，学校や家庭で用いられています。契約の内容やその理由を理解できる子どもには有効です。

◆行動的契約の例（ロイアーとアラン）

行動的契約――子どもH，教師および子どもHの両親

　この契約の目標は，子どもHが不作法な振る舞いをする回数を減らし，教室で望ましい行動をする回数を増加することである。子どもHは，次のような振る舞いをしてはいけない。
●他の人を虐待すること
　1　他の子どもに対して，打つ，ける，かむ，つばをはきかける，あるいは物を投げるなどの振る舞いをしないこと。
　2　許可なしに他人の物を手に入れたり，横取りしないこと。
　これらの行動は危険であり，それによってけがをする人も出るので，Hが，もしこれらのことをすれば，特別の罰を与えられる。
　まず，これらのいずれか1つを犯すと，警告を与えられ，再びこれらのことをすると，教室から出され，10分間一人にされる。
●教室を乱すこと
　1　求められないときには，教室で話したり，叫んだりしないこと。
　2　クラスや教師のじゃまをするような騒がしい音や不快な騒音を出さないこと。
　3　席に着いていなければならないときに，席を離れないこと。
　4　物や手足で教師や他の子どもを悩ますような音を立てないこと。

　以上，あげたことよりも，子どもHは次のことをなすべきである。
●他の人によくすること
　1　他の子どもと一緒に勉強し，他の子どもを助け，他の子どもから助けを受けること。
　2　静かに話すべきときには，他の人と静かに話すこと。
●教室で行儀よく振る舞うこと
　1　何か言おうとするときには，手をあげること。
　2　席に着いていなければならないときには，席に着いていること。
　3　教師や他の子どもが話をしているときには，よく聞くこと。
●よい勉強の習慣をつけること
　1　勉強の期間中は，教室で勉強すること。
　2　必要な宿題は必ずやり，それを期限までに提出すること。
　3　他の子どもと課題を勉強しているときには，役立つように努力すること。

　　署　　名　（子ども自身）
　　　　　　　（教　師）
　　　　　　　（子どもの両親）

第14章 学習意欲を高める授業と評価の方法

指導と評価で学習意欲をどう高めるか

1 学習意欲を高める授業は

　これまで学習意欲を高める方法について述べましたが，最後に授業において考慮すべき点についてまとめることにします。これは，いままで述べた考え方や方法を授業でいかに生かすかということになります（第2章6参照）。

　① 学習意欲を高める学級の雰囲気を作る。

　そのためには，教師は，次のような行動・態度をとることが必要です。

- 教師が授業に熱意を示す。
- 明瞭で，しかも組織だった方法で，主題について授業の前後に概括する。
- 適切な教材で教える。
- 子どもが必要とするものを学習しているかどうかに関心をもつ。
- 教授の材料と方法を柔軟に使用する。
- きびしい非難よりも，結果についてよくわからせる情報を個人的に与える。
- 教師が温かみを示す。
- 子どもに成功の見込み（可能性）のあることを知らせる。
- 個人としての子どもをよく理解する。
- 強制的・独裁的教師にならない。独裁的になることは，子どもに反抗，混乱や自発性の欠如を引き起こす。

- 学習を有意味化する。
- 報酬をうまく用いる。
- 規則をしっかりと，しかも一貫して守る。

② 学習課題を魅力的にする。

　授業で学習意欲を高めるためには，学習目標，学習課題を魅力的にすることが必要です。「期待―価値」理論の項（第17章）でも述べるように，「価値」は学習課題の価値で，その課題が自分にとって重要であり，役に立ち，興味があり，しかも，自分はそれを学習できるという「期待」（自己効力感）をもつときには，その課題は魅力のあるものとなり，学習意欲も高まります。したがって，学習意欲を高めるためには，それぞれの子どもの能力・興味を考え，学習課題の難易を調整し，学習の可能性を高めることが必要です。

③ 欲求・動機を適度に満足させる。

　学習意欲を高めるためには，子どもの学習活動が適切であるときには，それを認めるとか，成功感を味わわせるとかすることにより，子どもの欲求を満足させることが必要です。そのためには，前述のように，学習課題の難易を子どもの能力に合わせることによって，子どもなりに成功感，成就の喜びを味わわせることです。もちろん，新しい課題の学習では，失敗の経験を避けることはできませんが，失敗したときには，その課題の基礎となる知識や技能を十分に習得させるとか，適切な助言を与えるとかして成功に到達させ，最後に成功感を味わわせるようにします。

　また，子どもの学習に対し，それを認めるとか，ほめるとかいった外的報酬を適切に与えることによって，子どもに満足感を与えることも必要です。

④ 新しい動機を育てる。

　子どもの好奇心や興味に訴えて学習意欲を引き起こすことが強調されていますが，子どもが学習に興味を示さないとか，子どものもっている興味が教育的にみて価値が低いとか，現在の学習に関係がないとかいった場合があります。このような場合には，望ましい興味を発達させ，目指す学習に向けて動機づけることが必要です。

すでに述べたように，子どもは，前に経験し，成功した経験のあるもの，成功の見込みのあるもの，愉快な感じを与えるもの，新奇なもの，本人の能力水準に合ったもの，などに興味をもちやすいものです。そこで，現在の学習課題を，このような条件と結びつけ，新しい興味，新しい動機を育てるようにします。そのためには，教材についての研究や教材の与え方についての研究が必要になります。

2 学習意欲を高める評価は

(1) 評価の役割

学習の評価は，もともと指導の効果あるいは学習の効果を調べ，その結果を子どもの学習の改善に役立てることを目指しています。ところが，評価を受ける子どもの側では，よい影響を受けることもありますし，悪い影響を受けることもあります。

例えば，評価の1つの方法として行われる試験をみても，次のような影響があります。

① 試験の予告が学習の動機づけとなる。
② 試験を受けることによって，知識・理解などを確認できる。また，答案を書くこと自体が1つの学習となる。
③ 答案が返却されたとき，自分の学力について長所・短所を知ることができる。これがまた，その後の学習の動機づけにもなる。
④ 試験には，不安・緊張を引き起こすといった消極的な面もある（しかし，前に述べたように適度の不安は動機づけに役立つ）。
⑤ 成績が悪いと，自信を失い，学習意欲を失うこともある。

(2) 評価の改善

そこで，評価の消極的な面をできるだけ除き，評価の効果を高めようとする工夫もなされています。例えば，ビーラーら（1982）の，評価の改善のための目標を，次ページにあげておきます。ここに示されたような改善については，これまでの説明の中でも述べています。

◆評価の改善のための目標(ビーラーら)
① 評価をすることが,子どもに成功の感情をもたらすように,そのやり方を工夫する。
② 子どもについて公然の比較と子どもの間の競争をできるだけ少なくする。
③ 学習能力はすべての子どもにおいて同じではないことに注意する。特に,この知識を特別に支援を必要とする子どもの援助に用いる。
④ 評価を公平に,また客観的に行うためにできるだけのことをする。後光効果(ある人が1つの面が優れていれば,あるいは劣っていれば,他の面も優れている,あるいは劣っていると判断する傾向)や無意識な好悪の影響に注意する。
⑤ テストの特色を十分に利用する。標準的な場面を与え,長期にわたる形で成績の記録を得,あらかじめ設定してある基準と比較する(標準学力検査の活用)。
⑥ テストを,正反応を強化し,誤反応を罰しないように用いる。
⑦ 子どもがより程度の高い教材に進む前に,間違いや弱点を見分けられるように評価を準備する。
⑧ 子どもが上位の(しかも現実的)目標を設定し,達成するように励ます動機づけの手段として評価を用いる。
⑨ 自分で標準を設定し,それを満たすことが重要であることを強調する。できるだけ,テストを自己との競争と向上を促進するために用いる。
⑩ 試験が授業改善に役立つフィードバックを教師に与えるように試験を構成する。
⑪ 時期をみて(適当なときに),特定の教授目標を明らかにし,それが達成されたかどうかを調べ,補充指導を与えるようにする。
⑫ 子どもに与える圧迫感,緊張感を減らすため,できるだけのことをする。
⑬ テストを,子どもが要求されている知識を学習したことを本人が認め,あるいはそれに気づくように用いる。

また，スレイビン（2000）は，評価の機能・役割としてフィードバックとしての評価（行動を元に戻して行動を調整する機能），情報としての評価（学習について情報を与える機能）のほかに動機づけとしての評価（学習意欲を高める機能）をあげています。

そして，評価が子どもの努力を高めるためには，次の条件を満たすべきだと指摘しています。

① 重要な評価……評価が子どもにとって重要な意味をもつことです。
② 健全な評価……評価が妥当性，信頼性，客観性，公平性の条件を満たすことです。
③ 一貫した基準……評価の基準が一定し，公平であることです。
④ 明瞭な基準……達成の基準，成功・失敗の基準が明確であることです。
⑤ 信頼できる説明……評価の結果を適切に説明できることです。
⑥ 頻繁な評価……評価を頻繁に行うことです。
⑦ 意欲を起こさせる評価……本人の以前の成績と比べ，進歩の状況をみることです。

確かに，このような評価であれば，子どもも真剣に取り組み，学力向上にも役立ちます。今日，「指導と評価の一体化」が強調されるのも，このためです。

3 教師の期待が成績に影響する

(1) 教師の期待効果（ピグマリオン効果）とは

これは，教師が生徒に一定の期待をもって接していると，その生徒は，教師の期待する方向に伸びていく現象をいいます。**ピグマリオン効果**ともいいます。例えば，教師が，「この生徒はやる気があり，よい成績をとるであろう」と期待すると，その生徒は実際によい成績をとるようになる（この逆のことも起こる）というのです。

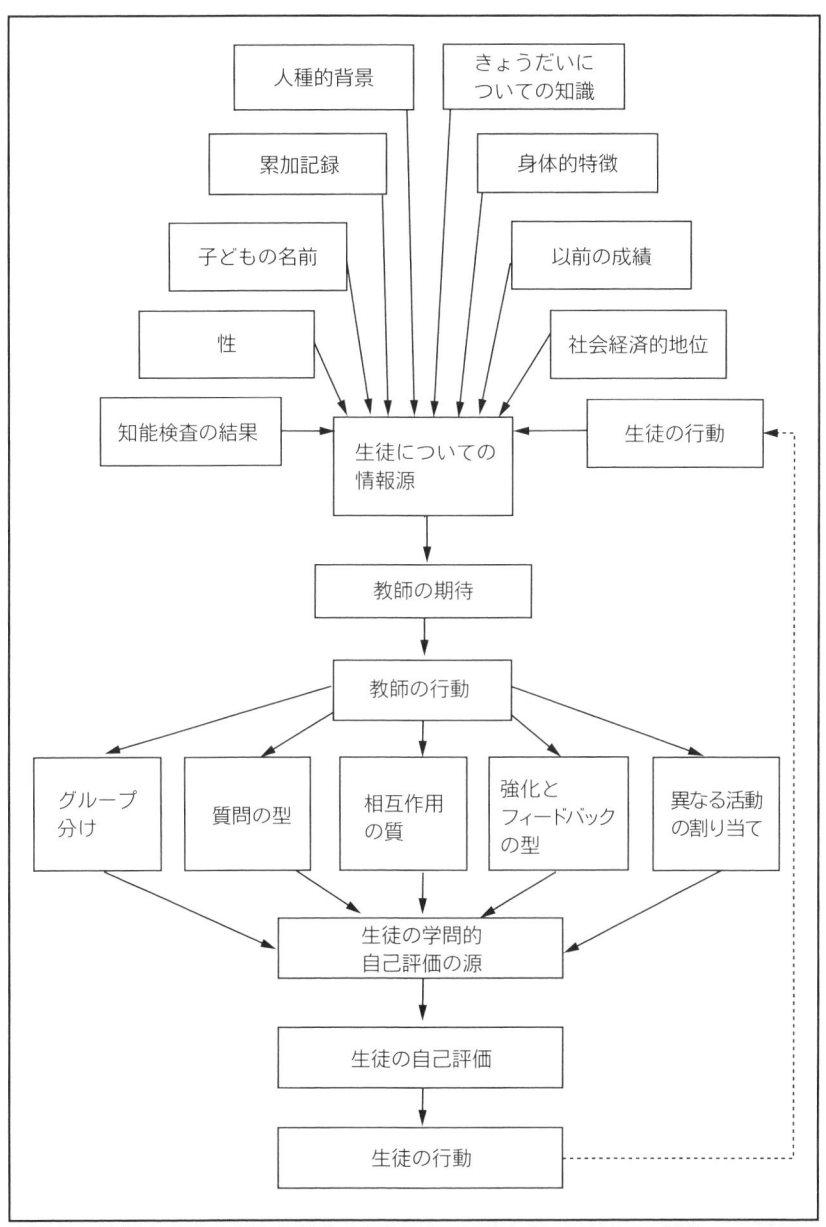

第14章　学習意欲を高める授業と評価の方法——*127*

図16　教師の期待と生徒の行動の変化のモデル（ブラウンのモデル）

(2) 教師の期待の源と生徒の行動への影響は

　この現象は，初めローゼンサールら（1968）によって研究されましたが，ブラウン（1976）は，教師の生徒への期待がどこからくるか，それがどのようにして生徒に伝えられるか，それが生徒の行動における変化をいかにして引き起こすかを説明するため，図16に示すような一般的モデルを示しています。これらの要因は，すべて実際の研究結果に基づいており，非常に影響力があるといわれています。

　教師は，生徒について，このような情報が与えられると，教室における生徒の行動と学業成績についてある期待を抱き，これらの期待に基づいて，次に述べる5つの領域において生徒に違った振る舞いをするようになり，それが生徒の自己評価に影響するというのです。例えば，自分が能力が低いとして扱われていると考えると，その自己評価も低くなり，自尊心も傷つき，その行動も悪くなります。「自分はどうせ能力がないからだめだ」という気持ちをもつと，学習意欲もなくなり，努力しなくなります。

　ブラウンは，5つの領域における教師の行動の違いが生徒自身の期待や行動にどのように影響するかを，次ページのように述べています。

(3) 期待効果の悪循環を防ぐ

　教師が「この生徒は学習能力が低いので，学習がうまくできない」といった期待をもつと，教師は無意識のうちにも，この生徒に対し，熱心に教えることをあきらめ，この生徒が失敗してもあまり関心を示さなくなり，さらに，この生徒の悪い面ばかり見て，よい面を認めることが少なくなります。そうすると，この生徒の成績はますます悪くなり，「この生徒はだめだ」という教師の期待をさらに強めることになります。教師の期待効果は，このような悪循環を生ずると考えられています。

　今日の教育では，個性を生かす教育が重視され，生徒一人一人の個性を知ることが大事だとされていますが，それが先入観となって教え方や評価の仕方に悪い影響を及ぼさないようにすることが大事です。そのためには，個性についても固定的に考えないこと，生徒が1つの特性において劣っていると

◆教師の行動の違いが生徒に及ぼす影響（ブラウン）
① グループ分け
　生徒を能力・適性によりグループに分けることは生徒に影響を及ぼす。例えば，読みの力が低いグループに割り当てられた子どもは，自分のグループの能力が低いことに気づき，読みの力が高いグループから友人を選ぼうとし，教師も高いグループの子どもを好む傾向がある。
② 質問の型
　よい成績をとると期待される生徒は，悪い成績をとると期待される生徒よりも，より多く質問をされ，答える機会も多く与えられる。また，難しい質問をされる傾向がある。
③ 相互作用の質
　教師が生徒に高い期待をもつときには，その生徒には難しい質問を与えると同時に，答える時間を多く与え，手がかり，助言を与える。これに対して，低い期待をもつ生徒には易しい質問を与え，時間も少なく，手がかりや助言を与えることも少なくなる。生徒と教師との間の相互作用の質と量の違いが生徒に重要な影響を与える。
④ 強化とフィードバックの型
　教師は，よい成績をとる生徒にはよりよい遂行を要求し，不十分な回答を認めず，よい回答に対して多くの賞を与える。これに対して，成績の悪い生徒が不適切な答えをしても，教師はそれを黙認し，この生徒がたとえよい答えをしても，成績のよい生徒よりも賞が少ない。
⑤ 異なる活動の割り当て
　教師は生徒の能力に応じて違った学習活動を割り当てる。これは一人一人の生徒を生かし，学習成果を上げさせるのに必要であるが，その際，やや高めの目標を立て，それに向かって努力させることが大事である。「どうせできないから」と低めの目標を設定し，高い目標へ挑戦する機会を失わせないようにする。

他の特性も劣っていると考えがちであるが，そういう判断をしないこと（後光効果を避けること）などが必要です。

ビーラー（1982）は，このような悪循環を避けるため，前述のブラウンのモデルに則して，次の指針を示しています。

◆期待効果の悪循環を避ける指針（ビーラー）
① 名前，人種的背景，身体的特徴，親や兄弟についての知識，成績，検査得点のような要因の影響を受けないようにする。
② 生徒を教えるとき，公平であり，一貫性があるようにするため，計画的に努力する。質問と復唱の記録をとり，授業中にすべての生徒に同じ回数指名する。質問をするとき，あるいは答えに反応するときには一貫して，積極的で，そして熱心であるように努力する。できない生徒を指名するとき，躊躇したり，声の調子を変えたりしないようにする。
③ すべての生徒の作業に好意的，積極的な発言をするようにする。2週間記録をとって，1つも好意的な発言，例えば称賛をしていない生徒には，他の生徒に対すると同じように，その生徒を称賛するようにする。
④ 生徒の以前の成績が悪いとか，検査得点が低いことを知ったときには，その生徒を善意に解釈し，それらの情報を生徒が教室でよりよく学習するのを助けるために用いる。そして，生徒が抱く不安とか説明の誤解といった要因が，検査得点を下げることがあることを心に留めておく。
⑤ 検査の特徴を利用し，主観性と消極的期待の影響を減らすようにする。

確かに，ここにあげたような指針は生徒の個性を正しく理解し，学習意欲を高め，学習効果を高めるのに役立ちます。

4 言葉かけに注意する

子どものやる気を起こすために，教師はさまざまな励ましの言葉をかけます。ところが，励ますつもりで言った言葉が子どもにとっては逆にやる気をなくさせることがあります。

かつて，杉村 健（1988）は，大学生に小・中・高校時代に「やる気を起

表16 やる気をなくした教師の言葉

小学校	・何をしてもだめだな。 ・こんなことがわからないのか。 ・この絵はできすぎているわ。 ・学級委員のくせに。 ・お兄ちゃんのほうが偉いね。 ・○○君に聞きなさい。 ・こんなクラス知りません。
中学校	・中学生になっても，こんなことがわからないのか。 ・こんなことは常識だね。 ・やる気があるのか。 ・だれかに見せてもらったのか。 ・○○君を見習え。 ・このクラスはできないな。 ・教師というのは商売なんだ。
高等学校	・こんなことがわからなかったら，見込みがないね。 ・こんなことは常識だ。 ・それでも勉強しとるんか。 ・去年のほうがよかったね。 ・女子は短大ぐらいで結婚するのが一番。 ・本当は教師になりたくなかった。仕方なしになった。 ・ぼくは国立一期（レベルの高い大学）の出身だよ。

こした教師の言葉」と「やる気をなくした教師の言葉」を思い出して書かせています。その結果から，ここでは学校別に「やる気をなくした教師の言葉」を表16にあげてみます。

　これらの中には，教師として口にしてはならない非常識な言葉もありますし，つい口がすべったと思われるものもあります。学習意欲を高めるためには，教師はいかに歯がゆく思っても，子どもの心を傷つけるような言動は慎まなくてはなりません。

★学習意欲を高める授業と評価

①学習意欲を高める学級の雰囲気作り

②学習課題を魅力的に
基礎テスト／習得テスト／活用テスト

③欲求・動機を満足させる
よし，できた！

④評価の工夫・改善をする
前回より成績よくなったじゃないか

⑤教師は生徒に期待をもって接する
バスケ部か，お前の活躍期待してるぞ

⑥言葉かけに注意する
どうしたらいいか先生と一緒に考えよう

第15章 学習意欲と動機づけの理論

学習意欲の起こる原理を動機づけの研究から明らかにする

1 動機づけとは何か

　動機づけとは,「行動を引き起こし,一定の目標に方向づけ,推進し,持続させる過程あるいは状態」をいいます。

　この過程をみますと,生体に起こる不均衡状態を**欲求**(要求)といい,この不均衡状態を回復しようとする行動の原動力を,**動機**あるいは**動因**といいます。さらに動機(動因)の対象すなわち生体が到達しようと努力する対象あるいは目標物を**誘因**といいます。動機づけは,この欲求,動機(動因),誘因の3つの面を含んでいます。

　動機は,**生得的・生理的欲求**(例えば,飢渇,排泄,休息,睡眠,性など

★行動の原動力が動機,動因。
　動機の対象あるいは目標物が誘因。

図17　図解「動機づけ」

を求める欲求）と**社会的・人格的欲求**（例えば，社会的承認，独立，成就，自己実現などを求める欲求）とに基づいて起こります。前者は生得的という意味で一次的欲求あるいは一次的動機といわれ，後者は学習の結果獲得されたものと考え，二次的欲求あるいは二次的動機ということもあります。しかし，このように分けても，行動を引き起こす原動力としては，両者の間に違いはなく，学習指導では，むしろ後者のほうが重要です。

2 │ 動機には3つ機能がある

学習者のもつ動機は，学習過程において，次の3つの機能をもつといわれています（図18）。

① **喚起機能**――動機は学習者の行動を引き起こします。すなわち，学習者に一定の活動に向かう力を与えます。学習活動を誘発し，開始させるのです。

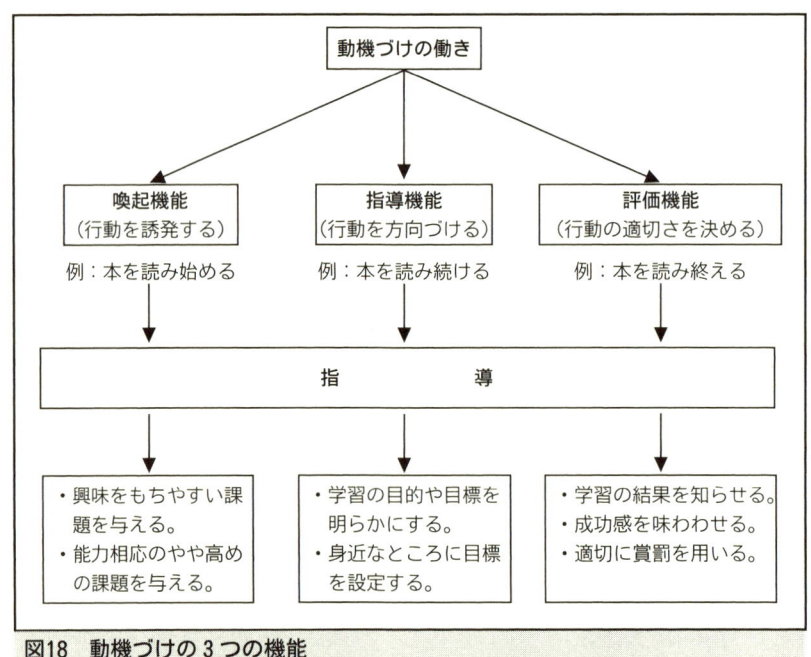

```
                   動機づけの働き
          ┌──────────┼──────────┐
    喚起機能          指導機能          評価機能
  （行動を誘発する） （行動を方向づける）（行動の適切さを決める）
  例：本を読み始める 例：本を読み続ける  例：本を読み終える
          │              │              │
          └──────────────指　導──────────────┘
          │              │              │
  ・興味をもちやすい課 ・学習の目的や目標を ・学習の結果を知らせる。
    題を与える。        明らかにする。    ・成功感を味わわせる。
  ・能力相応のやや高め ・身近なところに目標 ・適切に賞罰を用いる。
    の課題を与える。    を設定する。
```

図18　動機づけの3つの機能

② **指導機能**——動機は学習者の行動を誘因あるいは目標に向けて導きます。つまり，行動を動機の解消（充足）という方向に向けて進ませ，持続させます。目標に向かって行動を導くのです。
③ **評価機能**——動機は，その場面において試みた反応が適切であったかを明らかにします。つまり，動機は，学習者が自分の反応の適否を評価したり，判断したりするための基準として作用し，「正しい」（動機の解消）と判断されるまで学習を続けさせます。また，目標に到達し，動機を完全に解消したときには，満足感を得てその行動を強めるところから，動機は強化機能をもつともいわれています。

3│動機がなくても学習が起こる

上記のように，動機が学習にとって重要であることは一般に認められていますが，学習しようとする動機や意図がないときにも学習が起こることがあります。例えば，「毎日通る道筋に郵便ポストがある」とか，「たばこ屋がある」ということは，特に学習しようとする動機がなくても自然に覚えるものです。これは**偶然的**（あるいは**偶発的**）**学習**といわれます。

これは動機を重視する立場にとっては不利になることですが，動機を重視する人々は，偶然的学習のときにも，学習者が言葉に表すことのできない「**隠れた構え**」（学習しようとする自己教示）が作用して学習を生ずるかも知れないと考えています。このことを示す実験を，次に紹介します。

◆ジェンキンスの研究（1932）

★意図的学習群だけでなく偶然的学習群も学習していた。

グループ１（24人）は，20個の無意味つづりの系列をグループ２の学習者に読んでやるように指示される。つまり，自分が学習するようには指示されていない（偶然的学習群）。

グループ２（24人）は，グループ１の者が読む無意味つづりの系列を学習するように指示される（意図的学習群）。

意図的学習者が１回正しく復唱できるまでこの手続きを続け，24時間後に

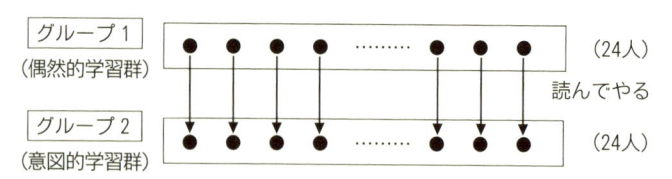

```
グループ1          ● ● ● ●  ……… ● ● ●      (24人)
(偶然的学習群)                                読んでやる
グループ2          ● ● ● ●  ……… ● ● ●      (24人)
(意図的学習群)
```

両グループに再生検査を行った。

その結果，意図的学習群の平均得点は15.9，偶然的学習群の平均得点は10.8となり，前者のほうが成績がよかったが，後者のほうもかなり学習していた。その際，偶然的学習群の学習者に内省報告を求めているが，学習しようとする自己教示，あるいは一時的，偶然的構えが存在したことを示していた。

4｜動機づけの強さと学習能率には関係がある

(1) 動機づけは実行に影響する

動機の強さと学習との関係については，実験的には，①習慣（反応）の獲得（知的・技能的・社会的・情緒的反応の形成あるいはこうすれば目標に到達できるという事前認識の成立），②獲得された習慣の遂行あるいは実行（形成された反応あるいは事前認識を実際の行動に移すこと）の2つに分けて研究しています。

その結果は，動機づけが習慣の獲得に影響することは多くの人々によって認められていますが，動機の強さと習慣形成の速さあるいは強さとの間の量的関係については，必ずしも見解が一致していません。しかし，遂行（実行）の場合には，動機の強弱が関係することが示されています。従来の研究によりますと，動機がある程度強くなるまでは遂行の強度は強くなるが，ある限度を越えると，逆に遂行の強度が低下するようです。

(2) 動機づけの強さは教室の学習に影響する

教室の学習では，習慣の形成とその遂行とは必ずしも区別できませんが，動機づけと学習能率との関係は，次ページのようにまとめられています（シーゴー，1961）。これは学習指導の参考になります。また，グラフで示すと図19のようになります（ハル，1952）。

★動機の強さが学習能率に影響する。

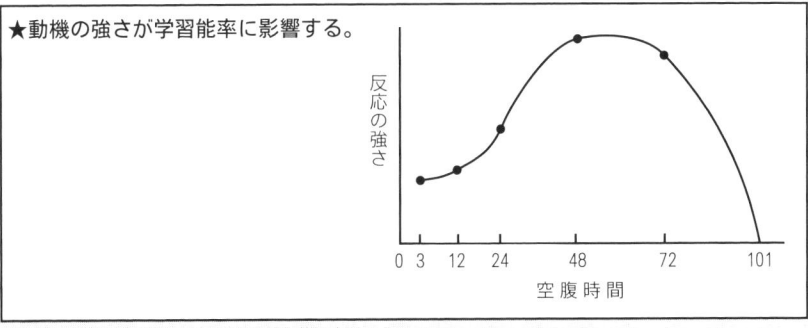

図19　動機の強さと反応の強化（ハル）

縦軸：反応の強さ　横軸：空腹時間　0　3　12　24　48　72　101

◆動機づけと学習能率との関係（シーゴー）
① 動機づけの程度が一定の点まで高まるまでは，学習能率も上昇する。学習者の能力の範囲内にある課題を学習するとき，特にそうである。
② 動機づけが適度のとき，学習能率は最大となる。
③ 学習において最大の進歩が起こる点は，次の条件にかかっている。
　1) 課題の複雑さ——強い動機づけは，易しい課題の解決によい影響を及ぼし，複雑な課題の解決には悪い影響を及ぼす。
　2) 学習者の能力——動機づけは，その課題に対し，学習者が大きな能力をもっているときには，よい影響を及ぼす。
　3) 動機づけの集中度——小さな報酬をたくさん与えるときのほうが，ただ1つの大きな報酬を与えるときよりも効果がある。
　4) 学習者の感受性——動機づけの効果は，情緒的緊張に対する学習者の感受性によって異なる。賞罰に敏感な子どもは，わずかな賞罰でも影響を受ける。
④ 緊張が最適の点を越えると（例えば上がった状態），学習能率は低下する。
⑤ 動機づけの増加は，集団内に変化を生じ，個人差が大きくなる。

5 | 動機の選択場面では意志が働く

(1) 動機の選択が必要

ある時点で起こる動機が1つであれば，それに応じた行動をするだけでよいのですが，実際にはいくつかの動機が同時に働き，どうしたらよいか迷う場合があります。子どもの生活を見ていても，テレビも見たい，宿題もしなければならない，食事もしたいというようにいくつかの動機にはさまれ，選択に困っていることがあります。その場合，動機の強さが違えば，力の強い動機を選ぶことになりますが，問題は，2つ以上の動機がほぼ等しい力をもっていて動機の間に争いがあり，選択に迷う場合です。

レヴィン（1935）は，こういう場面を**葛藤場面**といい，3つに分けています。

◆葛藤の3つの基本型（レヴィン）

① 接近—接近葛藤

2つの異なる目標があり，それぞれに接近しようとする2つの動機が同時に存在する場合。「テレビも見たいし，野球もしたい」「海にも行きたいし，山にも行きたい」というような場合である。

○は人，田田田は目標を示し，
＋－は目標のもつ誘意性，
→は優位性を示す。

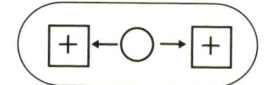

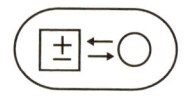

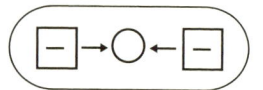

② 接近—回避葛藤

同じ目標に対し，接近しようとする動機とそれを回避しようとする動機とが同時に働いている場合。「ある学校に入学したいが，その学校の入学試験がとても難しい」とか，「フグは食べたいが，生命は惜しい」とかいった場合である。

③ 回避—回避葛藤

2つの場面とも回避したいといった2つの動機が同時に働き，一方を回避しようとすれば，他方を回避できない場合。「勉強もきらいだが，落第も困る」という場合である。

このような葛藤場面では，どうすればよいでしょうか。

(2) 意志の働きが大事

このようにいくつかの動機が同時に起こり，どうしたらよいか迷う場面では，意志の働きが大事です。意志は，いくつかの選択肢の中から最適あるいは最善と思われるものを決定する心の働きです。簡単にいえば，意志とは，行為を選択し，決行する心の働きです。したがって，学習意欲を高め，学習を能率的に行うためには，意志を強くすることが必要です。

このようにみると，実際に働く学習意欲の強さは，学習に対する「欲求の強さ」と，望ましい行為を選択し，それを最後までやりぬく「意志の強さ」とによって決まります。例えば，「宿題をしたい」「テレビを見たい」といった欲求があるとき，「宿題をしたい」という欲求がまさって，勉強を始めても意志の力が弱く，またすぐテレビを見るようでは，学習意欲は強いとはいえません。学習意欲は，「意志の加わった，あるいは意志に支えられた学習に対する欲求」です。

したがって，まとめると，**学習意欲**とは，「学習動機を選択し，それを実現しようとする心の働き」であり，「学習しようとする気持ちと，それをあくまで実行しようという気持ち」とを含んでいます。

(3) 自己統制力を育てる

この意志の力は，近年，心理学でよく用いられる自己統制，自己制御の力とみることもできます。これは昔から「自制心」「克己心」とか「自律心」とかいわれていたものです。

この自己統制は，自分の感情・欲望・認知・行動を制御するだけでなく，自分の立てた計画を積極的に遂行したり，最後までやり遂げることを含んでいます。すなわち，自己統制には，「抑制的な働き」と「促進的な働き」の2つの面があります。

さらに，自己統制の機能には，認知的な面と行動的な面が含まれています。

- 認知的な面では，熟慮，問題解決，立案，評価などを考える。自己統制のできる子どもは，これらの認知的行動において，衝動的でなく，熟慮

的である。
・行動的な面では，自己監視，自己評価，自己強化といった行動を考え，前述の熟慮に続いて，選択した行動を遂行し，あるいは認知的に否認された行動を抑制することができるかどうかを問題にする。自己統制のできる子どもは，選択した行動を遂行し，否認された行動を抑制できる。

この立場では，自己統制の機能を認知的には熟慮できるかで考え，行動的には選択した行動を持続的に遂行し，目標を達成できるかどうかでみることになります。

このように動機の選択と実行において，意志あるいは自己統制が重要な役割を果たすとすれば，これらの力を身につけさせることが大事です。

この点については，次の方法が役立ちます。

① 規則正しい生活をさせる。

家庭でも，学校でも規則正しい生活をさせます。個性尊重，自発性・自主性尊重ということがいきすぎて，わがままを認めていては意志の力や自己統制の力は身につきません。

② 困難に挑戦させる。

好きなこと，易しいことばかりしていたのでは，我慢する力，努力する力はつきません。苦しくても我慢して努力を続けることにより，成就感を味わうことができ，さらに自己効力感（自信），有能感をもつようになります。

③ 大人がよい手本を示す。

親や教師自身が自己を制御し，衝動的な振る舞いをしないようにします。大人が気ままな振る舞いをしたり，自分の欲求のままに自己主張や権利を主張し，責任を負わない姿を見せていては，子どもに自己統制力は育ちません。

なお，子どもはよく書物やテレビの人物や主人公の行動を模倣し，大きな影響を受けるので，メディアにおいてもよいモデルを示すことが大事です。

④ 自己理解を深める。

自己を見つめ，自己を客観的に見る力をつけることにより，主体としての自己（見る自己）を確立し，客体としての自己（見られる自己）を制御でき

第15章　学習意欲と動機づけの理論

★自己統制力を育てる方法

①規則正しい生活をさせる。

②困難に挑戦させる。

③大人がよい手本を示す。

④自己理解を深める。

⑤意図的・計画的に訓練する。

るようになります。自己反省，自己評価の機会を与えることは自己理解に役立ちます。なお，自己理解は，自己を対象として認識することですが，これは他者との接触が増すにつれて深まるので，適度の競争や他との比較も自己理解を深め，自我の強度（耐性，安定性，自律性）を強めるのに役立ちます。

⑤　意図的・計画的に訓練する。

アメリカの学校では，目標設定，自己監視，自己評価，自己強化の過程を含んだ自己統制力形成プログラムを作り，その過程を意図的に訓練し，自己統制力を高める効果を上げています。このような訓練は日常のしつけや教育においても参考になります。

6｜動機づけの方法

(1) 内発的動機づけと外発的動機づけがある

動機づけの方法は，普通，**内発的動機づけ**（内からの動機づけ）と**外発的動機づけ**（外からの動機づけ）とに分けられます。前者は学習者の内部にある学習に対する興味とか知的好奇心に訴えて学習意欲を引き起こす場合であり，後者は賞罰とか競争のような外から与える刺激によって学習意欲を引き起こす場合です。

① 内発的動機づけを生かす

子どもの興味や知的好奇心を刺激し，内発的動機づけにより学習させると，自発的・自主的に学習します。「好きこそものの上手なれ」と言われているように，本人が好きなことは努力するので，自然に上達することになります。これこそ，学習指導のあるべき姿でしょうが，反面，子どもの興味は流動的であるとか，興味に流されて目標とする学習に向かわないとか，何事にも興味を示さない子どもがいるとか，内発的動機づけだけでは，うまくいきません。このような場合には，やはり外発的動機づけが必要です。

② 外発的動機づけを生かす

親や教師が賞罰を与えたり，競争させたりすることによって学習意欲を引き起こすやり方は，手軽であり，親や教師の意図する方向に向けやすいので，

第15章　学習意欲と動機づけの理論

★動機づけの方法：内発的動機づけと外発的動機づけ

①内発的動機づけ

なぜ，りんごは落ちるか

習字が好き

②外発的動機づけ

ほめられたい

叱られたくない

友達に勝ちたい

よく用いられます。確かにうまく用いられると，動機づけとしての効果がありますが，反面，次のような問題も起こります。

教師が力で学習させようとすると，教師に反抗し，授業中わざと騒いだりします。また，嫌いな教科の学習を避けたり，授業を休んだりします。

したがって，賞罰や競争によって学習意欲を引き起こそうとするときには，このような外からの刺激で起こる「外的な理由」から，学習活動自体から起こる「内的な理由」に考え方を変え，自律的に学習するように仕向けることが大事です。

教育的にみれば，内からの動機づけによるほうが，外からの動機づけによるよりも望ましいが，現実には両者とも必要です。子どもによっては，内発的に起こった行動も，外的報酬（称賛，承認など）によって一層自己効力感を高めることもあります。さらに，行動は，たとえ動機は何であっても，一度進行し始めると，それ自身動機となり，その行動は完成するまで続けられるという主張もあります（**機能的自律性**）。

もちろん，外発的動機づけを内発的動機づけに変化させ，学習活動そのものに興味や喜びをもって学習するようにすることが理想です。この点については，リアン（2000）が次ページ**表17**のような型を考えています。

(2) **自律性の程度で動機づけは異なる**

ここでは，動機づけを自律性の程度により，次の段階に分けています。

① **無動機**——自律性がまったくなく，外発的にも内発的にも，何らの動機づけのないレベルです。動機づけになるものは何もありません。

② **外発的動機づけ**——報酬のような外的なものによって動機づけられます。自律性はない状態です。

③ **取り入れられた制御**——自発的というよりも罪や恥を避けるためという理由で動機づけられる状態です。外的制御を自分の中に取り入れて行動するのです。やや自律性が増しています。

④ **一体化された制御**——その行動は自分に役立ち，重要であると納得して自発的に行う状態です。さらに自律性が増しています。

表17 動機づけの異なる型における自律性の程度（リアン）
★自律性の程度により動機づけは5段階に分かれる

自律性の程度	5段階	内容	動機づけの源	例：なぜ宿題をするか
まったく自律性なし	無動機	いずれの形の動機づけもない、内発的も外発的もない	何もない	わからない
↓	外発的動機づけ	報酬のような外的なものによる動機づけ	報酬	ほめられたいから
やや自律的	取り入れられた制御	罪や恥を避けるというような内在化された圧力による動機づけ	罪と恥	罪悪感を避けるため
↓	一体化された制御	行うことは有用で重要だと納得して自ら行う動機づけ	重要性	学習することが大事と考えるから
高度に自律的	内発的動機づけ	興味と楽しみを反映する心理的欲求からの動機づけ	興味	面白いから

⑤　内発的動機づけ――興味と楽しみから自発的に行うレベルです。自律性が最高の状態です。

(3) 認知型を考慮した動機づけの個別化が必要である

　今日の教育では，それぞれの子どもの能力，要求，興味などに適合した教育計画，教育方法を工夫すること（個別化）が強調されていますが，このことは動機づけにおいても同じです。この点については，賞罰の与え方などのところで述べました（第10章95ページ）が，ここでは一例として認知型との関係についてみてみます。

　認知型は，外界からの刺激，情報をいかに受けとめ，いかに処理するかについての処理の仕方です。外界からの刺激を受けとるとき，分析的に処理し，判断するとき周囲の影響を受けない**場独立型の者**は，内からの動機づけの条件下でよりよく，学習します。一方，外界からの刺激を受けるとき，全体的に認知し，判断するとき周囲の影響を受けやすい**場依存型の者**は，外からの動機づけの条件下でよりよく学習することが示されています（スタインフェ

ルド，1973)。

　したがって，学習意欲を高めるためには，動機づけの個別化が必要です。

7 動機づけの訓練が必要である

　今日の心理学では，学習における学習者の積極的役割，すなわち内発的動機づけが重視され，効果的学習をするためには，学習者は自分自身の学習について自ら管理・統制を行わなければならないと考えられています。学習者はこの責任を果たすために，適切なメタ認知的・認知的・情緒的方略を用いる技能をもち，しかもそれを自発的に用いるように動機づけられなければなりません。そこで要求される過程と技能を分析し，それを訓練する必要があります。

　マッコムス (1988) は，持続的な内発的動機づけの根底にある要素と過程のモデルを図20のように示しています。これは，自己効力感，原因帰属などの理論からの考え方を統合しており，動機づけの方略を訓練するのに役立つと考えられています。**自己効力感**は，「自分はその課題を遂行できる」という本人の自信あるいは期待感であり，**原因帰属**は，成功・失敗の原因が自分の内にあるか，外にあるかを決めることです。

　このように動機づけ過程を分析し，それに影響する要素を明らかにすることにより，動機づけの技能を訓練することができると考えるのです。

　例えば，課題を完成したとき，生徒がその結果を指導目標あるいは内的基準に照らして評価したり，情報を分析したりして，必要に応じて自己訂正を行い，そして成功・失敗を内的でしかも統制可能な原因に帰属し，次の学習活動に対し積極的な自己効力判断と自己統制判断を維持するように指導するのです。

　このような指導を動機づけの過程の各ステップにおいて行うことにより，内発的動機づけを活性化できると考えるのです。これは動機づけの指導において参考になります。

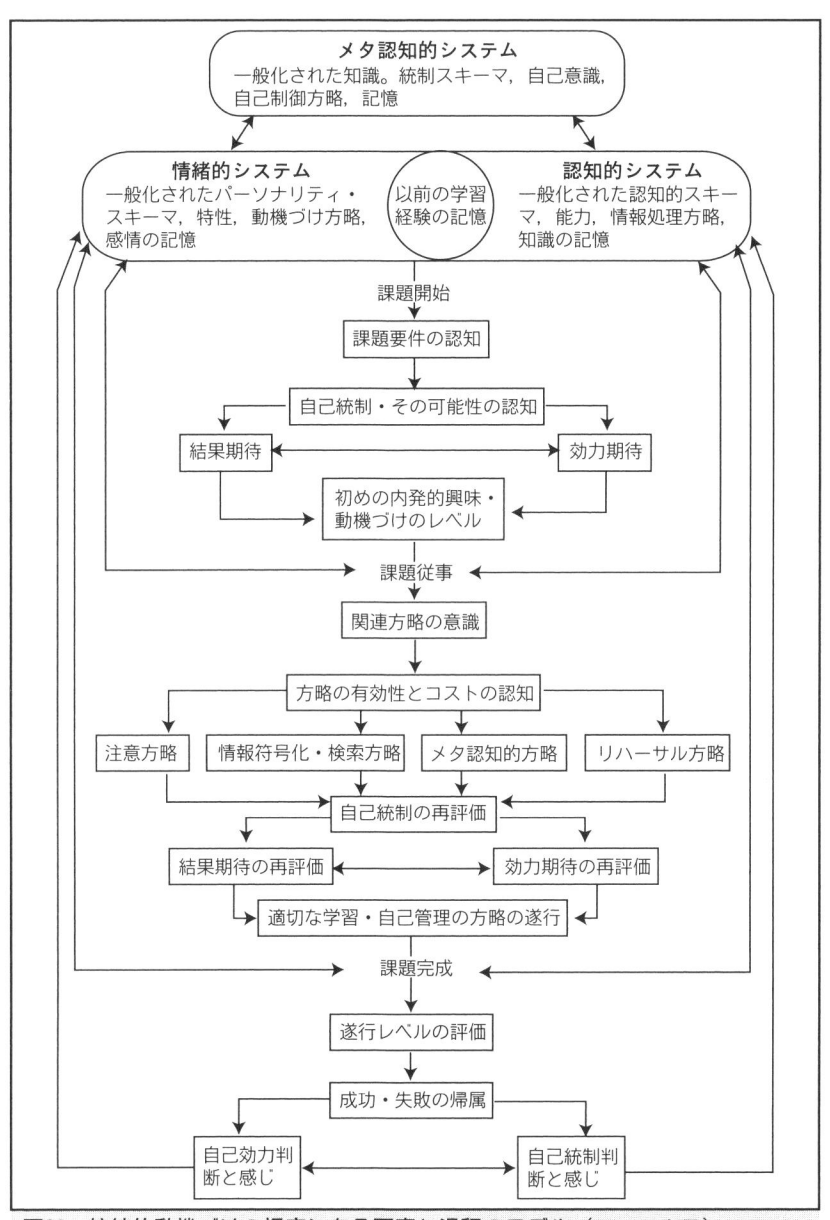

第15章　学習意欲と動機づけの理論——*147*

図20　持続的動機づけの根底にある要素と過程のモデル（マッコムス）

◆持続的動機づけの根底にある要素と過程（マッコムス）

- **メタ認知的システム**——本人が自分の認知過程とその統制について，どの程度の知識をもち，統制できるかの状態。
- **認知的システム**——現在本人がもっている認知能力，情報処理方略などの状態。
- **情緒的システム**——本人の性格，特性，動機づけの方略，情緒などの状態。
- **課題開始**——能力・特性をもつ学習者が学習課題を与えられると，次の行動が始まること。
- **課題要件の認知**——与えられた学習課題の解決には，どんなメタ認知的・認知的・情緒的方略が必要であるかを考えること。
- **自己統制・その可能性の認知**——課題要件の認知から，自分はそれを統制できるかを考え，さらに結果期待と効力期待が起こること。
- **結果期待**——一定の行動が一定の結果を生じるという本人の判断。
- **効力期待**——自分はそれをなし得るという確信。
- **初めの内発的興味・動機づけのレベル**——課題要件を統制できると認知し，結果期待と効力期待が生じて，①課題要件を達成すること，②適切なメタ認知的・認知的・情緒的学習方略を適用することに対して内発的興味・動機づけを生じること。

　具体的にいえば，生徒が学習課題を始めるときには，その課題に成功するため自分の能力についていろいろな自己評価を行う。積極的自己評価が生じるためには，自分が課題要件についてどの程度統制できるかという生徒の認知が関係する。もし課題が難しすぎる，あるいは自分がもっていない技能を課題が要求していると認知すれば，この個人的統制についての低い認知は，低い効力期待と結果期待しか生じない。また，これらの消極的認知を変えたり積極的感情を生じたりするための内的方略（あるいは技能）がなければ，課題を追求する興味と努力は低くなる。

- **課題従事**——結果期待と効力期待に基づいて生じた内発的興味・動機づけの程度に応じて課題解決を行うこと。
- **関連方略の意識**——課題解決を行うときに，生徒は学習を自己統制するのに

必要なメタ認知的・認知的方略を考えること。つまり課題解決に対して、どんな方略が関連するかを意識すること。
- **方略の有効性とコストの認知**——関連すると考えられる方略が有効であるのか、またその方略を実行する際に要する努力や時間（つまりコスト）はどうかを判断すること。そこでは、注意方略、情報符合化・検査方略、メタ認知的方略、リハーサル方略などが検討される。
- **注意方略**——課題解決の際、いかにして注意の集中を引き起こし、それを持続させるかの方略。
- **情報符号化・検索方略**——情報を記憶しやすい形に変える方略（有意味化、体制化など）と記憶した情報の中から必要なものを取り出すための方略。
- **メタ認知的方略**——自分の認知過程を効果的に制御するための方略。
- **リハーサル方略**——記憶し、維持するのを助けるため、いかにリハーサル（復唱：学習教材を学習したあとに、それを見ないで繰り返すこと）するのがよいかを示す方略。
- **自己統制の再評価**——前述の方略についての検討から、自分が課題要件をどこまで統制できるのか、すなわち自分がその課題を処理できるかどうかについてあらためて評価すること。
- **結果期待・効力期待の再評価**——課題要件を統制できるという意識の高まりとともに結果期待・効力期待が高まること。
- **適切な学習・自己管理方略の遂行**——結果期待・効力期待の再評価の結果、自信をもって適切な学習方略・自己管理方略を用いて課題解決を行うこと。
- **課題完成**——適切な方略を用いることにより課題解決が完了すること。
- **遂行レベルの評価**——生徒に遂行のレベルを目標あるいは内的基準（自分の立てた基準）と比べて評価すること。
- **成功・失敗の帰属，自己効力・自己統制の判断**——遂行レベルの評価から成功・失敗の原因の帰属意識が生じ、自己効力と自己統制の判断が評価されること。もし成功を内的でしかも統制可能な原因（例えば努力）に帰属し、その結果自己効力感と自己統制感が高まれば、次の学習活動に対する動機づけが高まる。

第16章 動機づけの学説

6つの動機づけ理論の学説について解説する

◆動機づけ理論の概観

★おもに6つの立場がある。

理　論	提唱者	学習意欲はなぜ起こるか
①本能理論	マクドウガル フロイト	・学習活動は本能による。
②生理学的理論	キャノン	・生理的均衡の回復のため。精神的均衡の回復にも影響する。
③行動理論	ソーンダイク ハル	・生得的な生理的欲求（一次的欲求）と獲得性の欲求（二次的欲求）の充足を目指す。
④認知理論	ウェルトハイマー バーライン ピアジェ	・不完全なものを完全なものへという欲求に基づく（優秀形態の法則）。認知的葛藤，不一致，不協和の解消を目指す。
⑤認知行動理論	バンデューラ	・自己効力感を重視する。一定の行動が一定の結果を生じ（結果期待），自分はそれを遂行できるという効力期待が影響する。
⑥人間性理論	マズロー デシ	・自己の主体性を重視し，自己実現の欲求の充足を目指す。自己決定し，有能でありたいという欲求の充足を目指す。

1 本能理論

(1) 考え方

これは，行動は本能と呼ばれる生得的に与えられた行動傾向によって引き起こされると考える立場です。マクドウガル（1908）は，その代表者で，学習に関係したものでも好奇，探索，自己誇示などの本能をあげています。例えば，新しいものに興味をもつのは好奇本能によるというのです。

(2) 問題

この理論は，あまりにも固定的，遺伝的な面を強調しすぎたといわれ，本能的行動も多くは学習されたものであると批判されています。

もちろん，本能ですべての行動を説明しようとすることは問題ですが，人間がある行動傾向を生得的にもっていることは否定できません。例えば，快苦理論では，人間はもともと快を求め，不快（苦）を避ける傾向があり，それが動機となって行動すると考えます。フロイトは，これらの傾向が無意識的であることを強調しています。さらに，マックレランド（1955）も，快を引き起こすことがあらかじめ知られている目標に対しては接近行動が生じ，不快（苦痛）を生じさせることが前もってわかっている目標に対しては回避行動が生じると考えています。

今日では，いずれの立場でも，多かれ少なかれ生得的傾向を認めています。

2 生理学的動機づけ理論

(1) 考え方

これは，行動が生じる生得的原因を認める点では，本能理論と同じですが，行動が起こるメカニズムを生理学的過程で説明しようとする立場です。

キャノン（1932）は，**ホメオスタシスの原理**を提唱しています。これは生体内の生理的均衡が破れたとき，もとの安定した状態にもどろうとする傾向をいいます。例えば，生理的な欠乏状態が体内に起こると，体内の生理的均衡が破れます。すると均衡状態を回復しようとしてエネルギーが動員され，

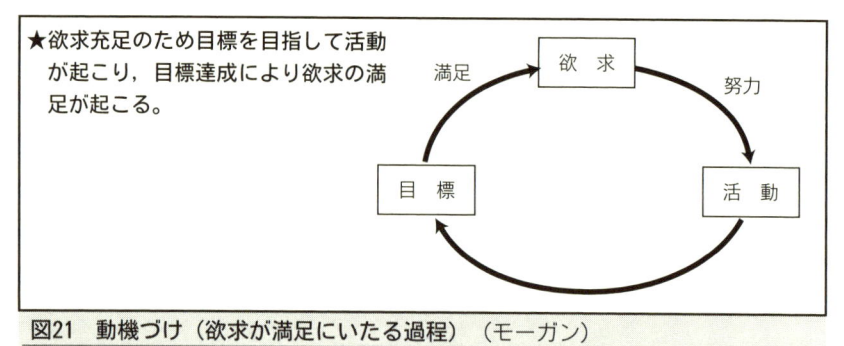

```
★欲求充足のため目標を目指して活動
 が起こり，目標達成により欲求の満
 足が起こる。
```

図21 動機づけ（欲求が満足にいたる過程）（モーガン）

生理的欲求を満足させる方向に向かう行動を引き起こすと考えます。

モーガン(1966)は，欲求が満足にいたる過程を図21のように示しています。これによって動機づけが，どのような役割を果たしているかがわかります。

(2) 影 響

この考えは，次に述べる行動心理学の動因低減説に影響しています。

なお，このような考えは，精神内部の均衡についても当てはまります。認知的欲求（認知動機）の場合には，不完全なもの，欠けているもの，不均衡なものを見たり感じたりしますと完全なもの，均衡のとれたものにしようという緊張（内的欲求）が生じ，これが不完全なものから完全なものに向かって学習者を動かすことになります。そして，問題を解決すると，満足が得られ，学習者は心的均衡を回復することになります（**ゲシュタルト理論**）。

社会的欲求の場合も同じで，愛情を失うとか，劣等感をもつとか，安定感を失うとかして，社会的に不満足な状態に陥ると，以前の均衡のとれた状態にもどろうと努力し，それに役立つ社会的環境を作り出そうと努力します。

3│行動主義的動機づけ理論―動因理論

(1) 考え方

人間を外的条件によって支配されるものとみなす行動主義的立場では，前述のホメオスタシスの原理の影響を受け，次のように考えます。

生体がうまくその環境に適応できず，生存に不適当な状態になったとか，

あるいは生存に必要なものが不足したとかいうときには，生体の中に**欲求**（要求）の状態が生じます。この欲求は**動因**（動機）を生じ，その動因は一定の反応を引き起こします。そして目標（**誘因**）に出合うまでその活動を続けさせます。目標に達した反応は，欲求を満足させることによって動因を減少させます。この動因の減少によって，その反応は強められ（**強化**），その後も同じような条件下でたやすく引き起こされるようになります（**動因低減説**）。動機づけでは，動因と誘因を重視し，賞罰，競争などによる外発的動機づけを考えます。そして，このような生理的欲求に基づく動因を**一次的動因**といい，一次的動因の解消を**一次的強化**といいます。

さらに，この立場では，生理的欲求に基づく一次的動因以外の社会的・人格的・認知的欲求（動機）は生理的欲求の解消をもとにして学習されたものだと考え，これを**二次的欲求**（動機）あるいは獲得性動機，派生的動機などと名づけています。例えば，母親を求める欲求は，母親が子どもの空腹のとき，常に乳とか食物を与えて空腹を解消させているため，母親自体が空腹とその解消とに結びつき，子どもを引きつける力（動機）をもつようになったと考えるのです。また，探索するとか，新奇なものを求めるとかいった探索動機，好奇動機も，空腹のとき食物を捜し回り，それによって空腹を解消したことに基づいて探索行動，好奇行動そのものが動機としての力をもつようになったと考えるのです。

(2) 問　題

この理論は，行動に変化を生ずるために環境を操作することに関心をもち，賞罰の与え方を問題にします。動機づけにおいても学習活動そのものと直接関係のない外的報酬とか競争によって動機づけしようとします。そこで，この理論は，子どもがなぜやりたくない課題をがまんして勉強しようとするかを説明するのには役立ちますが，学習を報酬や勝利を得るための手段とみなしたり，過度に教師に頼るようになるといった問題点も指摘されています。

なお，この生理的欲求の解消に基づいてすべての動機を説明しようとする考え方には反対もあります。次の立場がそれです。

4 認知的動機づけ理論―内因性理論

(1) 考え方

認知心理学の考え方で，この立場では，人は外的刺激や空腹のような生理的条件に自動的に反応するのではなく，これらの刺激についての本人の認知に基づいて積極的に反応すると考えます。例えば，ある作業に熱中して空腹を忘れているとき，人に食事と言われて初めて空腹に気づき食事をするように，空腹についての認知によって行動が引き起こされると考えます。つまり，動機づけは，能力や成功・失敗についての本人の認知に基づいており，認知を変えることによって動機づけを変えることができるというのです。

この立場では，認知的動機や社会的動機は，動因理論が主張するように学習されたものではなく，生得的であり，内発的であると主張します。つまり，もともとそれ自体の内部に原因があり，それ自体が動機としての力をもつというのです。さらにいえば，人間は，もともと活動的で好奇心に満ちており，新しいことを学び，問題を解決することに喜びを感じるので，興味とか，成功・失敗の見通しなどによって学習活動が引き起こされると主張します。したがって，この立場は内発的動機づけを主張し，学習の成立には報酬のような強化は必ずしも必要でないと考えます。

この立場では，前に述べたように，学習者のもっている知識・理解・信念などと葛藤，不一致，不協和などを起こすものが与えられると，それを解決しようとする認知的動機や刺激の新奇さ，変わったもの，珍しいものを求める好奇動機を重視します。

(2) 問 題

この立場は，なぜ学習に対し報酬を与える必要がないか，なぜ成績に影響しない課題でも学習しようとするのか，なぜ探究の初期の段階で強化を得られなくても問題を解くことを続けるか，などを説明するのに役立ちます。

しかし，子どもに学習を刺激する認知的葛藤や不協和を経験させることは容易でないし，さらに個人差に応じ，各人に適した認知的葛藤を生ずること

は難しいという問題点があります。

5 認知行動的動機づけ理論

(1) 考え方

行動理論と認知理論の折衷であり，賞罰を与えて認知の変化を生じさせたり，認知の変化に賞罰を与えてこれを強めたりすることにより，学習は成立すると考える立場です。

バンデューラ（1981）は，動機づけは，大部分本人に認知された自己効力感の結果であると仮定しています。これは課題を遂行する自分の能力についての本人の意識であり，一定の課題を効果的に処理できるという自信です。この自己効力感は，解決行動を始めるか，どれだけの努力を費やすか，解決行動をどの程度長く維持するかを決めます。そこで，自己効力感は動機づけと同じ特徴をもつことになります。この自己効力感の理論は，行動は認知に媒介されるという考えに基づいています。つまり，過去についての判断が自己効力感に影響し，それが次に行動を決めることになるのです。そこには一定の行動が一定の結果を生ずるであろうという結果期待，自分はそれを遂行できるという効力期待が働いています。

(2) 問　題

この立場は，行動理論の立場に立ちながら，期待，意図，予想，自己評価のような観察できないものも含めて認知理論へ接近し，動機づけの説明においても，本人の能力，課題，賞罰についての本人の認知を重視しているところに特徴があります。しかし，子どもが自分の能力や課題，賞罰について正しく認知できるかどうかが問題です。

6 人間性動機づけ理論

(1) 考え方

人間性心理学は，人間を独自の個性をもつ統一体とみなし，全体的に理解しようとします。つまり，人間を自由意志をもつ主体的な存在とみなし，人

間は刺激の単なる受容者ではなく，自ら生活の方向を選択し，それに働きかける自由をもつと考えます。そこで，動機づけの説明としては，個人の自由，選択，自己決定，成長への努力，自己実現の欲求を強調します。

① マズローの欲求階層説

マズロー（1970）は，図22に示すように，欲求を生存，安全，愛情と所属，自尊，自己実現の階層に分け，最も下位に生存を置き，最も上位に自己実現を置き，下位の欲求が満たされると，順次その上の欲求が重要になり，それぞれの欲求が満たされることにより，自己実現の欲求の充足に向かうと考えます。

- 生存の欲求——食物，水など，生存に必要なものを求める生理的欲求。
- 安全の欲求——身体的，心理的に安心でき，危険を避けようとする欲求。
- 愛情の欲求——人から愛情を受け，人にも愛情を与えたいという欲求。
- 所属の欲求——集団または仲間の一員として受け入れられ，しかも安定した位置を与えられたいという欲求。
- 自尊の欲求——自分の価値や誇りを維持し，それを高めようとする欲求。
- 自己実現の欲求——自分の可能性を最大限に実現しようとする欲求。自己実現には，自己達成（自分の努力による抱負，希望の達成）と潜在能力の実現とを含みます。

これを発達的にみると，図23のように年齢が増すにつれて，上位の欲求が発達してくると考えます。もちろん，これは欲求の現れ方を典型的に示したものであり，すべての子どもの欲求がこのとおり現れるとは限りません。また，ある段階の欲求が完全に満たされなければ，次の段階の欲求が現れないというものでもありません。しかし，欲求の発達を考えるのには役立ちます。

② デシの自律性欲求説

また，デシ（1980）は，自分で行動を始め，それを制御しようという自律性欲求，自己決定し，有能でありたいという自己決定欲求を重視しています。つまり，ある行動が他者によって決定されたものではなく，自分自身の決定であると認知すること（自己決定感）を重視し，外的報酬は内発的動機づけ

★最も下位に生存を置き，最も上位に自己実現を置き，下位から順に欲求が満たされて自己実現の欲求の充足に向かう。

```
        ┌──────────────────┐
        │  自 己 実 現 の 欲 求  │         2次的
      ┌─┴──────────────────┴─┐        ▲
      │   自  尊   の   欲  求   │        │
    ┌─┴──────────────────────┴─┐      │
    │   愛 情 と 所 属 の 欲 求    │      │
  ┌─┴──────────────────────────┴─┐    │
  │    安   全   の   欲    求     │    │
┌─┴──────────────────────────────┴─┐  ▼
│    生   理   的   欲    求         │  1次的
└──────────────────────────────────┘
```

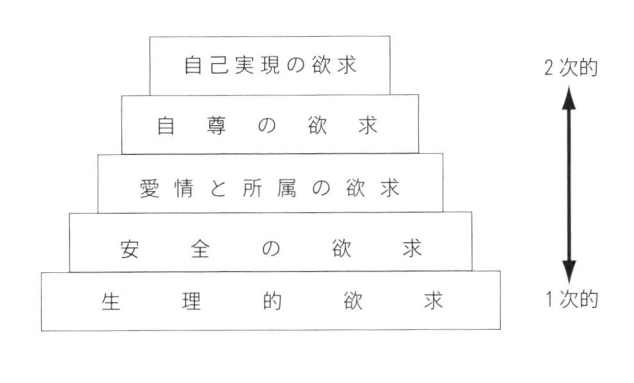

図22　マズローの欲求の階層構造

★年齢が増すにつれて上位の欲求が発達してくる。

(縦軸：欲求の相対的強さ　横軸：心理的発達)

生理的欲求／安全／愛情と所属／自尊／自己実現

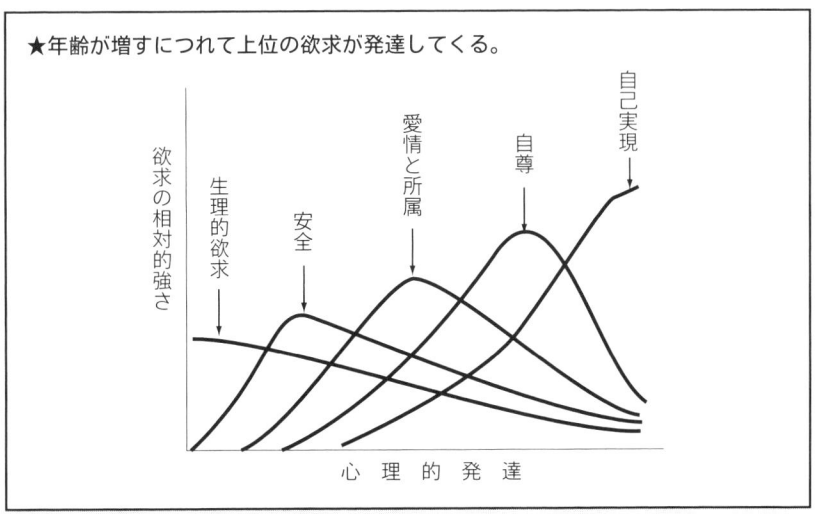

図23　マズローの欲求と階層の発達

を減少させると主張しています。すなわち,内発的動機づけによる行動であっても,外発的報酬を与えられると,その行動は自分で統制するのではなく,外発的報酬によって統制されると認知するようになり,内発的動機づけを低下させるというのです。

しかし,自分の行動の結果に対し積極的フィードバック(称賛やほうび)を与えられ,自分は有能であると感じるときには,その有能感が内発的動機づけを高めると考えています。これは,外発的報酬には行動を統制,制御する面と行動について情報を与える面とあり,情報的側面が統制的側面よりも強い場合には,外的報酬も内発的動機づけを高めると説明されています(93ページ「**過剰正当化効果**」参照)。

③　ホワイトの能力欲求説

また,ホワイト(1959)は,能力欲求を提唱しています。これは,人間がその維持,成長,繁栄をもたらす能力を獲得し,高めようとする欲求です。環境に働きかけ,何らかの変化を作り出すことだけを目的とした欲求であり,活動を増進させるのは,特定の目標達成よりも自己の活動が環境に変化をもたらすことができたという効力感です。

(2)　問　題

この考え方は,なぜ自分が愛され,受け入れられ,尊敬されていると感じる子どもは,拒否され,無視されていると感じる子どもよりも,学習に興味を示すか,なぜ子どもは自発的・自主的に学習することを好み,他から指示され強制されることをいやがるか,などを説明するのに役立ちます。しかし,教師は子どもの欲求のすべてを満たすことはできないし,子どもも,この理論が予想するように,必ずしも自発的・自主的に学習しないとか,欲求も必ずしも階層的に作用しないとかいった問題が残ります。

以上,動機づけの理論について要点を述べましたが,現状では,1つの理論だけで子どもの動機づけのすべてを説明することはできません。学習場面や子どもの特徴に応じて動機づけの方法を考えることが必要です。

第17章 現代の考え方
——期待—価値モデルの動機づけ理論

新しい期待—価値モデルの動機づけ理論を解説する

　これまで述べたことにより，学習に対する動機づけの役割は理解できますが，実際に学習行動が起こるには，動機のどのような部分（要素）が，どのように影響するかについては必ずしも明らかではありません。

　この点については，今日，認知や人間性を重視する立場から**期待—価値モデル**（行動の生起は目標達成への期待と目標の価値の関数であるという考え方）を中心に動機づけの要素を分析しようとする考え方が現れています。この期待—価値モデルの考え方は，簡単にいえば，子どもがいまの勉強は自分にとって重要であり，役に立ち，興味があると信じ（価値），しかも自分はその課題を達成する能力があると信じるほど（期待），その勉強に意欲を示すというものです。

　ピントリッチ（2003）は，この分析において**表18**のように期待要素と目標の価値要素に情緒要素を加え，3つの要素をあげています。

1│期待要素とは

　これは，自分の課題を統制し，遂行し，あるいは成就する自分の能力についての信念であり，これは，統制信念と自己効力信念に分かれます。

表18　期待―価値モデルの構成要素（ピントリッチ）

★従来の期待要素と価値要素に情緒要素を加えた。

要　素	下位要素	説　　　明
期待要素	・統制信念	・自分の行動を統制できると考える。能力，方略，結果統制についての信念を含む。
	・自己効力信念	・一定の課題を遂行できると考える。
価値要素	・目標信念	・課題の目標についての考え方である。能力目標と成績目標に分けられる。
	・課題価値	・課題の価値についての考え方である。課題の重要性，有用性，関心，コスト，感覚価値を含む。
情緒要素	・快・不快	・快を求め，不快を避ける傾向である。
	・不安	・不安動機として作用する。
	・親和欲求	・他の人との親和，よりよい関係を求める欲求である。
	・自尊欲求	・自己価値を高め，維持しようとする欲求である。

① **統制信念**

自分は，自分の行動を統制しており，環境に影響を与えることができるという信念です。これには，次の3つの型があげられています。

(ア)　能力信念――自分はあることを達成する能力をもっているという，自分の一般的能力についての信念です。有能感ともいわれます。

(イ)　方略信念――自分は学習方略を用いることにより目標を達成できるという信念です。

(ウ)　結果統制信念――自分が目指している結果に対し自分は支配し，統制できるという信念です。簡単にいえば，成功・失敗に対し統制力をもっているという信念です。

② **自己効力信念**

これは，ある課題を行う自分の能力についての信念です。自分の能力全体についての一般的信念（前述の能力信念）というよりも，一定の課題に即した能力についての信念です。つまり，自分はこの目標は達成できる能力があるという信念（期待感）で，**自己効力感**ともいわれます。この信念をもつ子

第17章　現代の考え方──期待─価値モデルの動機づけ理論──*161*

どもは，その課題についてよく勉強し，よい成績をとることができます。

2 ｜ 価値要素とは

「私はなぜ，この課題を選び，学習しているか」という質問に関係します。この要素は，課題の重要性，有用性，関心についての信念と，課題に従事するための本人の目標を含んでいます。

① 目標の方向づけ

動機づけの理論では，目標，目的，意図を考えます。この目標は，その人の行動を方向づけます。最近の研究では，次の2つの目標をあげています。

(ア) 課題特有の目標──これは本人が達成しようと試みている課題の具体的な結果を表します。例えば，小テストで100点中85点以上をとろうと望むことです。子どもは，このような具体的な目標を目指して努力します。

(イ) 一般的目標──これは課題の学習において具体的な結果よりも，より一般的な理由を表します。例えば，なぜ，本人がよい点を得ようとするかという一般的な理由に関係します。教室における研究の多くは，一般的目標の方向づけに焦点を合わせ，能力目標か成績目標かを問題にしています。

能力目標は，自分の能力を高め，達成感を得ようとする目標であり，学習目標とか習得目標ともいわれます。この場合には，失敗しても自己効力感を維持し，不安のような消極的情緒を生じたり，他の人がどうやっているかについて悩んだりしないで学習に従事するといわれています。

これに対して，**成績目標**は，よい成績をとり，仲間の承認を得よう，他の人に負けないようにしようとする目標であり，遂行目標ともいわれます。この場合には，悪い成績をとることに不安を感じたり，仲間の学習を気にし，そのため課題の学習に集中できず，能力を十分に発揮できないで成績も上がらないといわれています。

この能力目標を目指すか，成績目標を目指すかの違いは，学習方略の使用にも関係し，能力目標の場合には，明らかに自分の学習過程や学習の仕方を

自分で点検し，悪いところを修正するメタ認知的方略，材料のより深い処理を促進する精緻化方略，体制化方略の使用が多くなるが，成績目標の場合には，その関係は必ずしも明確ではありません。

また，学力との関係についても，能力目標のとき高い学力が得られると考えられ，成績目標の場合には，他の人に勝つことに焦点を合わせて課題に取り組むとき（接近）には高い学力が高く，愚かや無能にみられるのを避けようと課題に対処するとき（回避）には，学力が低くなるといわれています。これは，能力目標と接近成績目標の場合には，能力を高めよう，他の人よりもよくなろうとするところから動機づけを高め，学力向上に導くからだと考えられています。両者の違いは，**表19**のように示されています（ドゥエック，1986）。

② **課題価値**

これは，課題の価値についての子どもの考え方です。これには，次の4つ，あるいは5つが含まれます。

(ア) 課題の重要性——これは子どもが学習課題を重要と考えるかどうかです。課題が重要だと考えるほど学習意欲が高まります。

(イ) 課題に対する本人の関心——課題に関心，興味があるほど，学習意欲

表19　達成目標と達成行動との関係（ドゥエック）

能力観	目　標	現在の能力に対する自信	行動の型
固定的 （能力は不変）	→ 成績目標 「できるという評価を受け，できないという評価を避けること」を目標とする。	→ 自信が高ければ 自信が低ければ	→ やろうとする ・困難に挑戦 ・粘り強い → 無力感 ・挑戦を避ける ・あきらめやすい
可変的 （能力は変わる）	→ 能力目標 「能力を伸ばすこと」を目標とする。	→ 自信が高ければ 自信が低くても	→ やろうとする ・学習を促す ・困難に挑戦 ・粘り強い

が高まります。

(ウ) 課題の有用性――課題の達成が自分に役立つか，自分の将来の目標，例えば，受験とか職業に役立つかどうかについての本人の考え方であり，役立つと考えるほど，学習意欲が高まります。

(エ) コスト――課題を学習することによって支払わねばならない代価です。この代価が大きいと考えるときには，その課題に対する意欲は低下します。例えば，その課題の学習のために，他の重要なことを犠牲にしなければならないときには，学習意欲は低下します。

(オ) 感覚価値――近年，これを加える立場もあります。これは，感覚に対する欲求，すなわち感覚，新奇さ，複雑さ，身体的刺激に対する欲求（感性欲求）をもつ人には，これを満たすような学習課題は学習意欲を高めるというのです。

以上，期待―価値モデルの考え方について要点を述べましたが，価値要素は課題を選択する行動に影響し，期待要素（能力要素）は，実際の学習行動に影響するといわれています。

さらに，価値要素についてみても，子どもによっては課題の重要性や有用性は重視しますが，課題にはあまり興味がなく，コストにも関心がないことがあり，逆の場合のこともあります。つまり，子どもによって課題の価値の見方が異なることがあり，動機づけにおいても個別化が必要になります。

3 情緒要素とは

快・不快などの「情緒」も動機づけに影響します。人間は，もともと快を求め，不快を避ける傾向があり，それが動機となって行動すると考えられています。例えば，マックレランド（1955）という学者は，快を引き起こすことがあらかじめわかっている目標に対しては，それに接近しようとする行動が生じ，不快を生じることがわかっている目標に対しては，それを回避しようとする行動が生じると考えています。

また，不安が学習と動機づけに影響することも昔から指摘されています。

殊に高いレベルの不安は，一般に学習や記憶，思考などの認知的処理のすべての段階において悪い影響を及ぼすことが認められています。もちろん，不安のある面は，時と場面により学習と遂行に対し促進的効果があり，動機づけにも役立つことがあります（第7章「不安動機を生かす方法」参照）。

さらに，親和，自尊の欲求なども動機づけに影響します。

親和欲求は，他の人と仲よくし，それを続けたいという欲求で，協力的学習を行う動機となります。この欲求は，関係性欲求ともいわれるように，他の人と密接な情緒的結びつきを確立しようという欲求です。この欲求をもつ子どもは，自分に気を遣ってくれる人に近づき，自分の幸福を妨げる恐れのある人から遠ざかります。そして，級友や教師，学級に対し親密な関係をもっていると感じる子どもは，学習意欲も高く積極的に学習を行います。

自尊欲求は，自分を価値あるものと思い，その思いを持続し，高めようとする欲求です。この自己価値を高め，維持するために学習意欲も高まります。しかし，この欲求は学習に悪い影響を及ぼすこともあります。学習で成功し，よい結果を得れば，自尊欲求も満たされ，さらに努力しようとしますが，失敗すると，その原因を自分の能力に帰属させ，自信を失い，自尊心を低下させます。また，失敗を回避するため易しい課題を選んだり，失敗の原因を能力の不足ではなく，学習時間の不足や教師の指導力不足に帰属させ，自尊感情を維持しようとします。

このような情緒要素が学習の意欲や行動にいかに影響するかについて，オ・ドンネル（2005）は次ページのようにまとめています。

生徒は，優秀さを示す高い基準を与えられると，このように積極的情緒と消極的情緒の間に葛藤を生じます。このような傾向は，小学校後半に起こり始め，中学校になると，一層，その傾向が強まるといわれています。これを避けるためには，成功経験を体験させ，自尊心（自己価値）を高め，維持するように指導することが必要になります。

◆情緒要素が学習意欲や行動に与える影響（オ・ドンネル）

```
            教師が優秀さの基準を示す
           ↙                        ↘
生徒は，一部は積極的情緒で反応する。    生徒は，一部は消極的情緒で反応する。
満足感の期待：希望，誇り，熱中          困惑の予想：恐怖，不安，恥
           ↓                        ↓
積極的情緒は，接近行動と優秀さの基      消極的情緒は，回避行動と困惑し，自分
準を探求し，それを達成しようと試みる    の価値を下げることから身を守ろうとす
願望とを生じ，熱心な参加，従事を生じ    る願望とを生じ，成就に対する不安，自
る。                                    己価値の保護，自己ハンディ方略をもた
                                        らす。
```

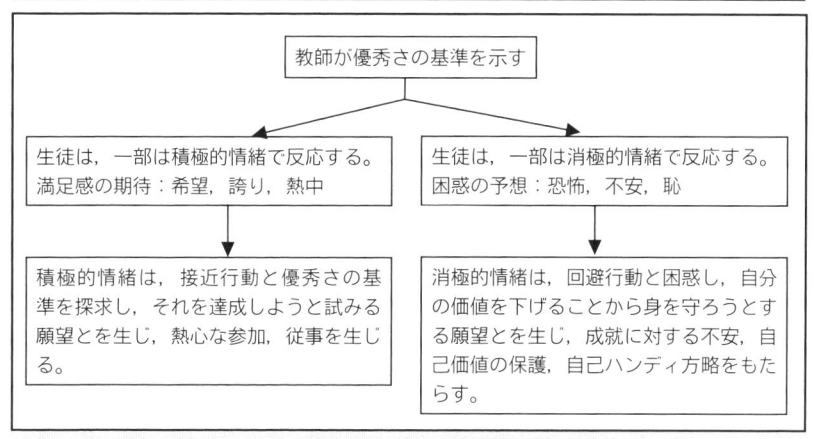

図24　優秀さの基準に対する積極的反応と消極的反応

　教師が優秀さの基準（高い基準）を示すと，生徒は，積極的情緒で反応するか消極的情緒で反応するか迷う。

　積極的情緒で反応するときには，満足感を期待し，希望，誇り，熱中を示し，消極的情緒で反応するときには，困惑を予想し，恐怖，不安，恥を感じる。その結果，積極的情緒は，課題への接近行動と優秀さの高い基準を達成するため努力しようという願望を生じ，熱心な参加や従事をもたらす。

　これに対して，消極的情緒は，課題を避ける行動と，途方に暮れ自己の価値を下げることから身を守ろうとする願望とを生じ，成就に対する不安，自己価値の保護，自己のハンディキャップを考え出す方略（失敗に対する弁解のため自分に不利になる条件をあげる方略）を生じる。

　このように動機づけには，いろいろの要素が関係しています。しかも，これらの要素のいずれに重点をおくかは子どもによって違います。したがって，学習の動機づけを効果的に行うためには，それぞれの子どもがどのような要素に重点をおいているかを考えることが重要です。

索引

暗黙の賞　91
暗黙の罰　91
意　志　139
ＡＡＩ　9, 21
快・不快　163
外的統制　108
概念的葛藤　44
外発的動機づけ　142
学習意欲　12, 13, 122
学習意欲の指導方法　30
学習課題の難易度　68
学習結果　74
学習性無力感　73
学習適応性検査　→ＡＡＩ
過剰正当化効果　93
課題価値　162
価値要素　161
学級の秩序　117
学級の雰囲気　112
活動動機・操作動機　43
観察法　18
感性動機　42
期待―価値モデル　159
期待効果　126
期待要素　159
機能的自律性　144
興　味　15, 33
協　力　99
偶然（偶発）的学習　135
葛　藤　138
クレスピ効果　89
決断力　15
原因帰属　105, 73
好奇動機　40
行動的契約法　120
行動的目標　48

行動主義的動機づけ理論　152
言葉かけ　130
自己効力感・有能感　16
自己効力信念→自己効力感
自己実現欲求　14
自己動機づけ　105
自己統制力　139
自主性　16
持続性　16
自尊欲求　14, 164
質問紙法　18
自発性　16
社会的欲求　14
称　賛　95
賞　罰　81, 95
消極的自己概念　73
情緒要素　163
承認欲求　14
自律性　144
自律性欲求　14
自律性欲求説　156
人格的欲求　14
親和欲求　14, 164
成功感　66
成績目標　161
生得的・生理的欲求　133
生理学的動機づけ理論　151
積極的自己概念　73
競　争　97
祖母の規則　88
達成動機　53
達成欲求　14
知的好奇心　38
テスト（検査）　18
テスト不安　59, 61
動機（動因）　133
動機づけ　133

動機づけ理論　150
動機づけの強さ　136
統制信念　160
内的統制　108
内発的動機づけ　142
人間性動機づけ理論　155
忍耐力　16
認知行動的動機づけ理論　155
認知的動機づけ理論　154
認知的欲求　14
認知動機　40
能力目標　161
能力欲求　14
能力欲求説　158
発　問　45
発見法　43
場依存型　145
場独立型　145
ピグマリオン効果　126
必要感　15
評　価　124
不　安　58, 163
不安動機　58
ブレーン・ストーミング　44
プレマックの原理　88
報　酬　86
本能理論　151
面接法　18
目的・目標　46
モデリング（観察学習）　91
モンテッソーリ法　43
誘　因　133
要求水準　15, 66
欲　求　15
欲求階層説　156
リーダーシップの型　114

■著者紹介

辰野千壽　たつの・ちとし

(財)応用教育研究所所長，学校教育研究所顧問，文学博士，筑波大学・上越教育大学名誉教授，(社)日本教育会名誉会長，日本教材学会名誉会長。(以上，執筆当時)

長野県生まれ。1944年，東京文理科大学心理学専攻卒業。東京教育大学教授，筑波大学副学長，上越教育大学学長を歴任，1989年，退官。

主著：『学習心理学総説』『問題解決の心理学』(以上，金子書房)，『教育心理学』(国土社)，『教室の心理学』『授業の心理学』『学習心理学』(以上，教育出版)，『教材の心理学』(学校図書)，『学習適応性検査』『学習スタイルを生かす先生』『自己統制力を育てる先生』『学習方略の心理学』『知能検査基本ハンドブック』『改訂増補　学習評価基本ハンドブック』『教室経営の方略』『教育評価事典(共編)』『学び方の科学』(以上，図書文化)

科学的根拠で示す
学習意欲を高める12の方法

2009年5月25日　初版第1刷発行［検印省略］
2016年6月20日　初版第4刷発行

著者　Ⓒ辰野千壽
発行人　福富　泉
発行所　株式会社 図書文化社
〒112-0012　東京都文京区大塚1-4-15
TEL 03-3943-2511　FAX 03-3943-2519
振替 00160-7-67697
http://www.toshobunka.co.jp/
イラスト　後藤憲二
装幀デザイン　中濱健治
印刷製本　株式会社加藤文明社印刷所

ISBN 978-4-8100-9534-0 C3037
乱丁・落丁の場合は，お取り替えいたします。
定価はカバーに表示してあります。

JCOPY〈(社)出版者著作権管理機構　委託出版物〉
本書の無断複写は著作権法上での例外を除き禁じられています。複写される場合は，そのつど事前に，(社)出版者著作権管理機構(電話 03-3513-6969，FAX 03-3513-6979, e-mail: info@jcopy.or.jp)の許諾を得てください。

教職や保育・福祉関係の資格取得をめざす人のためのやさしいテキスト
たのしく学べる最新教育心理学
桜井茂男 編　Ａ５判／256ページ　●本体2,000円＋税
目次●教育心理学とは／発達を促す／やる気を高める／学習のメカニズム／授業の心理学／教育評価を指導に生かす／知的能力を考える／パーソナリティを理解する／社会性を育む／学級の心理学／不適応と心理臨床／障害児の心理と特別支援教育

学習意欲を高め，学力向上を図る12のストラテジー
科学的根拠で示す学習意欲を高める12の方法
辰野千壽 著　Ａ５判／168ページ　●本体2,000円＋税
「興味」「知的好奇心」「目的・目標」「達成動機」「不安動機」「成功感」「学習結果」「賞罰」「競争」「自己動機づけ」「学級の雰囲気」「授業と評価」の12の視点から，学習意欲を高める原理と方法をわかりやすく解説する。

「教職の意義等に関する科目」のためのテキスト
新版 教職入門 ―教師への道―
藤本典裕 編著　Ａ５判／224ページ　●本体1,800円＋税
主要目次●教職課程で学ぶこと／子どもの生活と学校／教師の仕事／教師に求められる資質・能力／教員の養成と採用／教員の地位と身分／学校の管理・運営／付録：教育に関する主要法令【改定教育基本法・学校教育法・新指導要領】

教育評価事典
辰野千壽・石田恒好・北尾倫彦 監修　Ａ５判／上製函／624ページ　●本体6,000円＋税
主要目次●教育評価の意義・歴史／教育評価の理論／資料収集のための技法／知能・創造性の評価／パーソナリティー，行動，道徳の評価／適性，興味，関心，態度の評価／学習の評価，学力の評価／各教科・領域の評価／特別支援教育の評価／カリキュラム評価と学校評価／教育制度と評価，諸外国の評価／教育統計とテスト理論

わかる授業の科学的探究
授業研究法入門
河野義章 編著
Ａ５判／248ページ
●本体2,400円＋税

「変化のある授業」「楽しい授業」「わかる授業」とは？　最新の心理学的研究の知見をもとに，授業を多角的に分析・研究し，「よい授業」とは何かを問い直す。
●目次　授業研究の要因／授業を記録する／授業研究のメソドロジー／授業ストラテジーの研究／学級編成の研究／発話の研究／協同の学習過程の研究／発問の研究／授業タクティクスの研究／空間行動の研究／視線の研究／姿勢とジェスチャーの研究／板書の研究／学習者の課題従事の研究／ノートテイキングの研究／学習スキル教育の研究／ものづくり過程の研究／評価テストの作成の研究／授業研究のためのデータ解析／校内研究の進め方

〒112-0012 東京都文京区大塚1-4-15　図書文化　TEL03-3943-2511　FAX03-3943-2519
http://www.toshobunka.co.jp/